W0463437

Schülerduden
Rechtschreibtrainer

5.–10. Klasse

Dudenverlag
Mannheim · Zürich

Die Rechtschreibung in diesem Buch folgt im Falle von Schreibvarianten den Empfehlungen von Duden – Die deutsche Rechtschreibung (25. Auflage). Zu den Übungen sind Schreibvarianten in den Lösungen mitangegeben.

Beratungsangebot für Eltern und Lehrer (kostenpflichtig):
Die **Duden-Sprachberatung** beantwortet Fragen zu Rechtschreibung, Grammatik, Zeichensetzung u. Ä.
montags bis freitags zwischen 08:00 und 18:00 Uhr.
Aus Deutschland: **09001 870098** (1,86 € pro Minute aus dem Festnetz)
Aus Österreich: **0900 844144** (1,80 € pro Minute aus dem Festnetz)
Aus der Schweiz: **0900 383360** (3,13 CHF pro Minute aus dem Festnetz)
Die Tarife für Anrufe aus den Mobilfunknetzen können davon abweichen.

Unter **www.duden-suche.de** können mit einem Online-Abo ausgewählte Dudenwerke per Internet genutzt werden.

Bibliografische Information der Deutschen Nationalbibliothek
Die Deutsche Nationalbibliothek verzeichnet diese Publikation in der Deutschen Nationalbibliografie; detaillierte bibliografische Daten sind im Internet über http://dnb.ddb.de abrufbar.

Redaktionelle Leitung Heike Krüger-Beer
Redaktion Dr. Anja Steinhauer
Autorinnen Elke Spitznagel, Dr. Anja Steinhauer

Herstellung Annette Scheerer
Layout Horst Bachmann
Umschlaggestaltung Hemm-communication design, Filderstadt
Umschlagabbildung iStockphoto, Paul Hart
Satz tiff.any GmbH, Berlin
Druck und Bindung Firmengruppe APPL, Wemding

ISBN 978-3-411-74381-0

Liebe Schülerin, lieber Schüler!

In diesem Band findest du Übungen, die dir dabei helfen, sicherer bei der Rechtschreibung und Zeichensetzung zu werden. Außerdem kannst du mit den Übungen zur Wortkunde interessante Aspekte unserer Sprache entdecken.

Dieser Übungsband ist auf das Wörterbuch von Duden, den **„Schülerduden – Rechtschreibung und Wortkunde“** (10. Auflage) abgestimmt. Aber auch wenn du ein anderes Wörterbuch benutzt, kannst du dir die Übungen problemlos vornehmen.

Wie ist dieses Buch aufgebaut?

Kapitel 1: Nicht nur Schüler, auch Erwachsene sind manchmal bei der einen oder anderen Schreibung unsicher; in diesen Fällen hilft nur eins: in einem Wörterbuch nachschlagen! Deshalb wirst du in diesem Kapitel in die **Arbeit mit einem Wörterbuch** eingeführt und du kannst sie mit passenden Übungen trainieren.

Checkliste: Wenn du erst herausfinden willst, welche Art von Fehlern du auf dem Gebiet der Rechtschreibung und Zeichensetzung besonders häufig machst, schau dir zunächst diese Doppelseite zur **Fehleranalyse** an. Wenn du bereits weißt, auf welchen Feldern deine Fehler meistens liegen, kannst du im Inhaltsverzeichnis das für dich passende Kapitel finden.

Kapitel 2 und Kapitel 3: Mit diesen beiden Kapiteln kannst du richtig loslegen. Du findest dort Übungen und Lernspiele zu allen Bereichen, zur Rechtschreibung und Zeichensetzung sowie zur Wortkunde.

- Die **Übungen** entsprechen dem, was du aus dem Unterricht kennst. In den meisten Fällen kannst du die Übungen direkt in diesen Band schreiben; für einige andere Aufgaben legst du am besten ein **eigenes Heft** an. Neben dem Aufgabentext stehen **Angaben zu den Klassenstufen,** die es dir erleichtern, die Übungen mit dem richtigen Lernniveau zu finden.
- Damit du dich gut in der Rechtschreibung auskennst, ist es wichtig, dass du die **grundlegenden Regeln** kennst und beherrschst. Du findest sie in **gelb unterlegten Kästen** und kannst sie dir so noch einmal in Erinnerung rufen. Zum besseren Verständnis sind sie oft mit Beispielen veranschaulicht.

- Der Übungsband orientiert sich, wie schon gesagt, an den Regeln und Erläuterungen, wie sie im „Schülerduden – Rechtschreibung und Wortkunde" (10. Auflage) dargestellt werden. Auch die **grammatischen Begriffe** werden in beiden Büchern **einheitlich verwendet.** Auch wenn du aus der Schule nicht die Wörter „Nomen" und „Nominalisierung" kennst, wirst du dich immer gut zurechtfinden: Sie sind im Übungsband zusätzlich als „Substantiv" und „Substantivierung" aufgeführt.

- In einigen Fällen lassen die Regeln zur Rechtschreibung mehrere Schreibungen zu. In diesem Übungsband findest du – wie in dem „Schülerduden – Rechtschreibung und Wortkunde" – immer an *erster* Stelle die **von der Dudenredaktion empfohlene Schreibvariante.**

- Du kannst in diesem Band nicht nur alleine, sondern auch zusammen mit anderen trainieren; denn neben den Übungen findest du zu allen wichtigen Themen **unterhaltsame Lernspiele.**

Auch deine Lehrerin oder dein Lehrer kann sie einsetzen, um auf spielerische Weise in ein bestimmtes Thema der Rechtschreibung, Zeichensetzung oder Wortkunde einzuführen.

Separater Lösungsteil
Das Lösungsheft hilft dir bei der Selbstkontrolle oder gibt dir Hilfestellung, wenn du mal gar nicht weiterweißt. Auf der Seite, auf der sich die Übung befindet, ist unten ein **Seitenverweis** zum Lösungsheft angegeben. Auch umgekehrt findest du einen Seitenverweis vom Lösungsheft auf die Seite mit der Übung. Zu den Lernspielen sind nur Lösungen angegeben, soweit es sinnvoll ist.

Wir wünschen dir mit den Übungen und Lernspielen schnelle Lernfortschritte und viel Spaß!

Deine Autorinnen sowie deine Redaktion Schule und Lernen

Inhalt

Kapitel 1: Der Umgang mit dem Wörterbuch

A Die Arbeit mit dem Wörterbuch

1 Der Aufbau eines Wörterbuchs

Die Bestandteile eines Wörterbuchs

Das Wörterverzeichnis nimmt in einem Wörterbuch den größten Teil ein. Doch ein Wörterbuch bietet noch viel mehr nützliche Informationen. Welche das sind, kannst du dem Inhaltsverzeichnis entnehmen.
Der „Schülerduden – Rechtschreibung und Wortkunde" ist beispielsweise in sechs Bereiche unterteilt:

- Hinweise zur Benutzung (des Wörterbuchs)
- Wörterverzeichnis A–Z
- Regeln zur deutschen Rechtschreibung
- Grammatische Fachbegriffe
- Wortkunde
- Verzeichnis gebräuchlicher Abkürzungen und Kurzwörter

Bereits von außen kannst du das Wörterverzeichnis und den Anhang mit Regeln und Erläuterungen voneinander unterscheiden: Die Seiten des Wörterverzeichnisses sind weiß, die Seiten des Anhangs gelblich.

Die Suchhilfen im Wörterbuch

Mit folgenden Suchhilfen kannst du ein Wort schneller finden:

- Anhand der **Griffleiste** rechts erkennst du beim Suchen auf einen Blick, bei welchem Anfangsbuchstaben du gerade bist. Im „Schülerduden – Rechtschreibung und Wortkunde" erfährst du außerdem, wie die ersten drei Buchstaben des letzten Wortes auf der Seite lauten.
- In den meisten Wörterbüchern erleichtern dir auch **Leitwörter** in der Kopfzeile oben auf jeder Seite die Suche: Auf den linken Seiten ist jeweils das erste Wort angegeben (linke Spalte oben), auf den rechten Seiten das letzte Wort (rechte Spalte unten).

Brasilia – bremsen

bra|vo!
Braz|za|ville [braza'vil] (Hauptstadt der Republik Kongo)
die **BRD** = Bundesrepublik Deutschland
der *oder* das **Break** [bre:k] (*Tennis:* Durchbrechen des gegnerischen Aufschlags);

a
b
bre

2 Die Stichwörter

Das Stichwort finden

Als Stichwort bezeichnet man den Haupteintrag im Wörterbuch, der zu Beginn einer neuen Zeile steht und fett gedruckt ist. Die Stichwörter sind alphabetisch geordnet: Bei gleichen Anfangsbuchstaben sind die nachfolgenden Buchstaben (der zweite, dritte usw.) entscheidend für die Einordnung. Die Umlaute *(ä, ö, ü)* werden dabei wie einfache Vokale *(a, o, u)* und der Buchstabe *ß* wie *ss* behandelt.

der **Schlaf;** des Schlafs *oder* Schla|fes
der **Schlaf|an|zug**
die **Schlä|fe**
schla|fen; du schläfst; sie schlief; er hat geschlafen; schlaf[e] jetzt!
schlaff; ein schlaffes Seil

Bei veränderbaren Wörtern ist als Stichwort stets die **Grundform** eingetragen. Nomen (Substantive) musst du also im Singular, Verben im Infinitiv und Adjektive in der Grundstufe suchen.

Infokästen und „Mausefallen“

Zu wichtigen Wörtern, die bei der Rechtschreibung besonders häufig Schwierigkeiten bereiten, gibt es im „Schülerduden – Rechtschreibung und Wortkunde“ blaue **Informationskästen.** Darin findest du ausführlichere Hinweise und Beispiele zur Groß- und Kleinschreibung oder zur Getrennt- und Zusammenschreibung.

fern

Kleinschreibung:

- ferne Länder
- in der fernen Umgebung
- von [nah und] fern

Großschreibung der Nominalisierung und in Namen:

- das Ferne suchen
- der Ferne Osten

Schreibung in Verbindung mit Verben:

Vergleiche: fernbleiben, fernhalten, fernliegen, fernsehen

In den ebenfalls blauen Artikeln mit dem Symbol einer **Mausefalle** wirst du im „Schülerduden – Rechtschreibung und Wortkunde“ auf Besonderheiten und Stolpersteine beim Gebrauch eines Wortes aufmerksam gemacht. Du findest dort z. B. Hinweise auf leicht verwechselbare Wörter, auf gleich oder ähnlich klingende Wörter und auf Wörter, die anders geschrieben werden, als man sie ausspricht, usw.

Das Verb *lernen* darf nicht mit *lehren* (= unterrichten, jemandem etwas beibringen) verwechselt werden. Es heißt also: »Sie hat uns tanzen gelehrt«, aber: »Wir haben bei ihr tanzen gelernt«.

Die Schreibvarianten

In manchen Fällen findest du bei einem Wort **mehrere richtige Schreibweisen.** Im „Schülerduden – Rechtschreibung und Wortkunde“ steht zwischen den verschiedenen Schreibweisen das Wörtchen *oder*. Mit gelber Hintergrundfarbe unterlegt ist dabei jeweils die Schreibung, die die Dudenredaktion empfiehlt. Das hilft dir, deine Texte in einer einheitlichen Rechtschreibung zu verfassen.

der **Del|fin** *oder* **Del|phin;** des Delfins *oder* Delphins; die Del|fi|ne *oder* Del|phi|ne

Die Nebeneinträge

Zu vielen Stichwörtern gibt es Nebeneinträge, die etwa

- besondere Formen im Genitiv oder im Plural,
- schwierige Personalformen und wichtige Zeitformen,
- unregelmäßige Steigerungsformen,
- Zusammensetzungen mit anderen Wörtern,
- Verwendungsbeispiele oder Redewendungen

enthalten.

Verwendest du ein anderes Wörterbuch als den „Schülerduden – Rechtschreibung und Wortkunde“, werden die Nebeneinträge möglicherweise etwas anders angegeben. Sieh dir in diesem Fall die Hinweise für den Benutzer genau an.

sich **tum|meln** (sich beeilen); du tummelst dich; er tummelte sich; er hat sich getummelt; tumm[e]le dich!
der **Tum|mel|platz**
der **Tüm|mler** (ein Delfin); des Tümmlers; die Tümmler
der **Tu|mor** (Geschwulst); des Tumors; die Tu|mo|ren *oder* Tu|mo|re

Vor einem Nomen (Substantiv) ist stets der bestimmte Artikel angegeben und vor einem reflexiven Verb das Reflexivpronomen.

Worterklärungen und Angaben zum Sachgebiet, in dem ein Wort gebraucht wird (z. B. *Sport*), sowie Hinweise zur Stilebene (z. B. *veraltend*) stehen direkt nach dem Stichwort in runden Klammern.
Wenn Buchstaben oder Zeichen auch weggelassen werden können, stehen sie in eckigen Klammern.

der **Rechts|au|ßen** *(Sport);* des Rechtsaußen; die Rechtsaußen; [als] Rechtsaußen spielen; ABER: der Stürmer spielt rechts außen
rechts|bün|dig (von einer gedachten senkrechten Linie rechts begrenzt)
recht|schaf|fen (*veraltend für:* ehrlich und anständig); ein rechtschaffener Kerl

Drei Punkte zeigen an, dass hier etwas ausgelassen ist.

ent|we|der ... oder; du musst dich entweder für [uns] oder gegen uns entscheiden; entweder du kommst mit[,] oder du bleibst zu Hause

Der Pfeil verweist dich auf ein anderes Stichwort, unter dem du auch nachschlagen solltest. Bei *zehnte* zeigt dieser beispielsweise an, dass du unter dem Stichwort *achte* weitere wichtige Hinweise zur Schreibung findest.

zeh|n|te ↑achte
das **Zeh|n|tel** ↑Achtel

Auch auf ein gleich oder ähnlich klingendes oder ein sinnverwandtes Wort wirst du durch einen Verweispfeil aufmerksam gemacht, damit du Fehler und Verwechslungen vermeiden kannst.

das **Fie|ber;** des Fiebers; ↑ABER: Fiber

Die Worttrennung

Am Zeilenende können mehrsilbige Wörter getrennt werden. Im „Schülerduden – Rechtschreibung und Wortkunde" zeigen dir die senkrechten Striche alle Möglichkeiten an, wo du das Stichwort trennen kannst. Für *Monstrum* gibt es demnach zwei zulässige Worttrennungen:
Mons-trum oder *Monst-rum*

das **Mons|t|rum** (Ungeheuer); des Monstrums; die Monstren
der **Mon|sun** (ein Wind); des Monsuns; die Mon|su|ne

Falls bei der Trennung einer bestimmten Silbe der Sinn des Wortes verzerrt würde, fehlt der entsprechende Trennungsstrich, wie z. B. bei:
ab/erken/nen
Hier würde die Silbentrennung *aber-kennen* in die Irre führen.

Betonung und Aussprache

Du findest im Wörterbuch auch Informationen zur Aussprache eines Wortes:

- Ein **Punkt** unter dem Vokal zeigt an, dass dieser kurz und betont gesprochen wird, z. B.:
  Talẹnt
- Ein **Strich** unter dem Vokal zeigt an, dass dieser lang und betont gesprochen wird, z. B.:
  Ta̲fel
- Ist die Aussprache des Wortes schwierig, steht in eckigen Klammern zusätzlich die **Lautschrift.** Dies betrifft meist Fremdwörter, z. B.:
  Jeans [dʒiːns]
  Auf Seite 11 im „Schülerduden – Rechtschreibung und Wortkunde" werden die verwendeten Lautschriftzeichen anhand griffiger Beispiele erläutert.

B Übungen zur Arbeit mit dem Wörterbuch

Das Alphabet beherrschen

Um ein Wort richtig nachschlagen zu können, muss man das Alphabet beherrschen. Denke daran: Bei gleichen Anfangsbuchstaben sind die nächsten Buchstaben entscheidend für die Einordnung im Wörterbuch (↑ S. 8).

1 5./6. Kl.

Welcher Buchstabe fehlt nach dem Alphabet? Ergänze die Lücken.

Q __ S __ U __ W X

__ D __ F G __ __ J

I __ K __ M __ O __

2 5./6. Kl.

Wo findest du das Wort im Wörterbuch: vorne, in der Mitte oder hinten? Kreuze das entsprechende Feld an.

Unterhaltung	☐	☐	☐	kopfüber	☐	☐	☐	Instrument	☐	☐	☐
clever	☐	☐	☐	taktvoll	☐	☐	☐	Monitor	☐	☐	☐
olympisch	☐	☐	☐	Volleyball	☐	☐	☐	global	☐	☐	☐

3 5./6. Kl.

Ordne die Wörter nach dem Alphabet.

Rennstall

Golfplatz

Marokkaner

weshalb

Juwelier

verrückt

unschuldig

literweise

danken

____
____
____
____
____
____
____
____
____

► Lösungsheft S. 2

4 5./6. Kl.

Ordne die Wörter des folgenden Satzes in alphabetischer Reihenfolge und schreibe sie auf.

Sie fuhren mit ihrem neuen Raumschiff zur benachbarten Galaxie.

____________ – ____________ – ____________ –

____________ – ____________ – ____________ –

____________ – ____________ – ____________

5 5./6. Kl.

Ordne die zusammengesetzten Nomen (Substantive) nach dem Alphabet, indem du sie entsprechend nummerierst.

__ Klassenlehrerin	__ Klassenkamerad	__ Klassenbeste
__ Klassenfahrt	__ Klassenarbeit	__ Klassenzimmer
__ Klassenclown	__ Klassensprecher	__ Klassenbuch
__ Klassenparty	__ Klassenliste	__ Klassenkasse

6 7./8. Kl.

Die folgenden Wörter innerhalb einer Spalte sind nicht richtig geordnet. Korrigiere die alphabetische Reihenfolge, indem du jeweils die richtige Position mit einem Pfeil kennzeichnest.

Nikolaus	verbieten	behaftet
niemals	verbrauchen	behalten
niemand	verderben	behandeln
nippen	verdächtigen	beharren
nirgendwo	Verdacht	behängen
nirgends	vererben	behaupten
Nische	vereinfachen	behindern
nisten	verfolgen	beheben
Nistplatz	Verheißung	beheizen
Nixe	vergleichen	beherrschen
Niveau	vergnügen	behüten

► Lösungsheft S. 2

LERNSPIEL

Daumen hoch

Ab 3 Spielern
Ihr braucht: 1 Stoppuhr / 1 Uhr mit Sekundenanzeige

Es treten jeweils zwei Spieler aus zwei Mannschaften gegeneinander an. Diese setzen sich Rücken an Rücken, sodass sie sich nicht sehen können. Die anderen Spieler lesen den beiden Gegenspielern ein Wortpaar vor und diese müssen ganz schnell entscheiden, ob die genannten Wörter alphabetisch geordnet sind oder nicht. Wenn die Reihenfolge dem Alphabet entspricht, wird der Daumen nach oben gestreckt, andernfalls nach unten.

Tipp: Begrenzt die Zeit z. B. mithilfe einer Stoppuhr auf 3 bis 5 Sekunden – je kürzer, umso schwieriger und rasanter wird das Spiel.

Für jede richtige Antwort (Daumen hoch oder runter) wird 1 Punkt für die Mannschaft notiert, für jeden Fehler 1 Punkt abgezogen.
Die Gegenspieler werden jeweils nach drei Wortpaaren ausgewechselt.
Das Spiel endet, wenn jeder an der Reihe war. (Ergänzt dazu das Spiel nach Bedarf um weitere Wörter.) Die Mannschaft mit der höchsten Punktzahl hat gewonnen.

5./6. Kl.

Elch – Hirsch
Korb – Griff
Überschrift – Text
König – Hoheit
kratzen – jucken
eckig – rund
Füller – Bleistift
Treppe – Stufe
Matsch – Dreck
Hase – Kaninchen
kochen – braten
Los – Niete
Freibad – Hallenbad
Wort – Satz
öffentlich – privat

7./8. Kl.

Freund – Feind
Porto – Portemonnaie
Hände – Hüfte
Sichtkontakt – Sichtweite
Taschengeld – Tinte
weglaufen – wegreißen
zeitraubend – zeitsparend
gleichlautend – gleichnamig
Blatt – Blüte
Hemd – Hose
Zeugnis – Zensur
Monatskarte – Monatsanfang
Apfelblüte – Apfelknospe
Samstag – Sonntag
Doppelbett – Doppelpunkt

9./10. Kl.

stinkend – Stinktier
einäugig – einarmig
Erdöl – Erdrutsch
häufig – Haufen
neunfach – neunhundert
Brötchen – Brot
erbleichen – erblassen
thematisch – Thematik
Maßnahme – maßregeln
hasten – hastig
vollzählig – vollwertig
pflücken – pflügen
Erfinder – Erfindung
schmerzlich – schmerzlindernd
proben – probieren

Die Suchhilfen nutzen

Nutze die Griffleiste und die Leitwörter (↑ S. 7) bei deiner Suche im Wörterbuch!

7 5./6. Kl. **Zu welchen zwei Anfangsbuchstaben gibt es in deinem Wörterbuch die wenigsten Stichwörter und zu welchen besonders viele?**

Mit __ und __ beginnen die wenigsten Stichwörter.

Zu __ und __ gibt es besonders viele Einträge.

8 5./6. Kl. **Unter welchem Leitwort (↑ S. 7) könnte das gesuchte Wort zu finden sein? Verbinde mit Linien.**

Gesuchtes Wort	Leitwort
räuspern	zweitägig
wohlfühlen	Scheitel
klauben	Urtierchen
zuwider	Räuber
ökonomisch	woanders
scheuen	verfehlen
Ursprung	Kleinkind
verdrießen	Opportunismus

Die Grundform suchen

Bei veränderbaren Wörtern musst du stets die Grundform suchen:

- Nomen (Substantive) im Singular, also *Maus,* nicht *Mäuse.*
- Verben im Infinitiv, also *essen,* nicht *aß.*
- Adjektive in der Grundstufe, also *schön,* nicht *schönste.*

Zu vielen Stichwörtern findest du in den Nebeneinträgen (↑ S. 9) schwierige oder besondere Formen, Zusammensetzungen mit anderen Wörtern, Beispiele oder Worterklärungen; so steht z. B. im „Schülerduden – Rechtschreibung und Wortkunde“ bei *essen* auch die Form *aß.*

 ► Lösungsheft S. 2

9 5./6. Kl.

Unter welcher Form findest du die folgenden Nomen (Substantive) im Wörterbuch? Überprüfe deine Antwort, indem du das Stichwort nachschlägst.

die Bäder:	______	den Hühnern:	______
den Sprüngen:	______	die Glückwünsche:	______
die Risiken:	______	des Jargons:	______
den Pflöcken:	______	die Zentren:	______

10 5./6. Kl.

Bilde die Grundform des unterstrichenen Verbs. Schlage die Grundform anschließend im Wörterbuch nach, suche die Personalform des Verbs unter den Nebeneinträgen. Kennzeichne mit einem Haken oder einem Strich, ob du die konjugierte Form gefunden hast oder nicht.

	Grundform	✓/–
1. Du trittst mich dauernd.	______	___
2. Er blies in das Saxofon.	______	___
3. Sie ging früh nach Hause.	______	___
4. Er rieb sich die Hände.	______	___
5. 1970 erschloss man das Tal.	______	___
6. Du lasest, während ich schlief.	______	___
7. Er hat den Esel gezogen.	______	___
8. Sie hat genau hier gesessen.	______	___
9. Der Preis wurde uns gesponsert.	______	___

11 7./8. Kl.

Bilde jeweils die Grundstufe der unterstrichenen Adjektive und schlage sie anschließend im Wörterbuch nach. Lies die Nebeneinträge und gib an, was du über das Stichwort hinaus erfährst (Steigerungsformen, Worterklärungen, Verwendungsbeispiele, Redewendungen, Schreibvarianten, Verweise usw.). Schreibe in dein Heft.

Sie brachten mir die reifsten exotischen Früchte mit, die sie ergattern konnten. Gibt es ein netteres Mitbringsel an einem grauen Wintertag?

► Lösungsheft S. 2–3

Wörter zerlegen

Nicht alle möglichen Verbindungen eines Wortes mit Präfix (Vorsilbe) oder Suffix (Nachsilbe) oder mit einem anderen Wort sind in einem Wörterbuch als Stichwort enthalten. In manchen Fällen musst du das komplexe Wort zerlegen und die Bestandteile einzeln nachschlagen:
zu/stopfen, Trocken/tuch
Beachte, dass bei manchen Zusammensetzungen zwischen die Bestandteile ein sogenanntes Fugenzeichen wie *-n-*, *-e-* oder *-s-* tritt (↑ auch S. 117):
*Konsole/**n**/spiel, Hund/**e**/leine, Inhalt/**s**/verzeichnis*

12 5./6. Kl. **Wie kannst du die Schreibung der folgenden zusammengesetzten Nomen (Substantive) nachschlagen? Setze Trennstriche zwischen die einzelnen Bestandteile.**

Katze|n|toilettenheizstrahler

Treuepunktesammelheft

Handytaschenkarabinerhaken

Eiswaffelmaschinenbedienungsanleitung

Halbjahreszeugnisnotendurchschnitt

Fußballweltmeisterschaftsqualifikationsspiel

Süßwarenregalbeschriftungsvorlage

Skilanglauflehrerseminarteilnehmerliste

13 5./6. Kl. **Bilde vier möglichst lange zusammengesetzte Nomen (Substantive). Kontrolliere die Schreibung, indem du die einzelnen Bestandteile im Wörterbuch nachschlägst.**

___

___

___

___

 ► Lösungsheft S. 3

14 5./6. Kl.

Suche die folgenden Wörter in deinem Wörterbuch und kreuze an, ob du sie als Stichwort gefunden hast oder nicht. Gib zu den Wörtern, die du so nicht gefunden hast, jeweils die Form an, unter der du die Schreibung nachschlagen kannst. Setze dabei die Vor- und Nachsilben sowie die Fugenzeichen in Klammern.

	gefunden	nicht gefunden	Grundform
1. bekleckern	☐	☐	________
2. Abwurf	☐	☐	________
3. umhergeistern	☐	☐	________
4. entzaubern	☐	☐	________
5. zerfleddern	☐	☐	________
6. unehrenhaft	☐	☐	________
7. herunterwürgen	☐	☐	________
8. zunicken	☐	☐	________
9. Aufsteiger	☐	☐	________
10. verwaschen	☐	☐	________

Die Nebeneinträge zu Nomen (Substantiven) verstehen

Wenn du unsicher bist, welches Geschlecht ein Nomen (Substantiv) hat, kannst du im Wörterbuch den bestimmten Artikel *(der, die, das)* nachschlagen. Häufig findest du bei Nomen auch den Genitiv (2. Fall) Singular oder den Plural, wenn dieser schwierig oder unregelmäßig ist.

15 7./8. Kl.

Wie lautet der bestimmte Artikel? Schlage im Wörterbuch nach, wenn du unsicher bist.

________ Radio	________ Götze	________ Update
________ Zerwürfnis	________ Parole	________ Fazit
________ Pantomime	________ Heavy Metal	________ Bistum
________ Krake	________ Samt	________ Schilf

► Lösungsheft S. 3

16 7./8. Kl.

Schlage die folgenden Nomen (Substantive) nach und kreuze die richtigen Artikel an. Bei welchen Wörtern können mehrere Artikel gebraucht werden? Prüfe, ob es dabei einen Bedeutungsunterschied gibt, und erläutere ihn gegebenenfalls.

	der	die	das		
1.	☐	☐	☐	Joghurt:	______
2.	☐	☐	☐	Steuer:	______
3.	☐	☐	☐	Schild:	______
4.	☐	☐	☐	Fakt:	______
5.	☐	☐	☐	Virus:	______
6.	☐	☐	☐	Band:	______
7.	☐	☐	☐	Flur:	______
8.	☐	☐	☐	Bonbon:	______

17 7./8. Kl.

Manche Nomen (Substantive) bilden den Plural unregelmäßig, manche haben mehrere Pluralformen. Schlage die korrekte Bildung nach.

Singular	Plural	Singular	Plural
Album	______	Komma	______
Lexikon	______	Atlas	______
Pronomen	______	Porto	______
Globus	______	Museum	______
Visum	______	Schema	______

18 9./10. Kl.

Wie lautet der Genitiv (2. Fall)? Schlage im Wörterbuch nach und streiche alle falschen Formen durch.

1. des Frieden – des Friedens – des Frieden's
2. des Jahr – des Jahres – des Jahrs
3. des Käse – des Käses – des Käse's
4. des Spott – des Spottes – des Spotts

 ► Lösungsheft S. 3

5. des Missverständnis – des Missverständnis' – des Missverständnisses
6. des Westen – des Westens – des Westen's
7. des Scheich – des Scheichen – des Scheichs
8. des Kurs – des Kurs' – des Kurses
9. des Schüler – des Schülers – des Schüler's

Die Infokästen und „Mausefallen"-Hinweise nutzen

- Im „Schülerduden – Rechtschreibung und Wortkunde" helfen dir die **Infokästen** bei besonders häufigen Schwierigkeiten mit der Rechtschreibung weiter. Oft sind die darin enthaltenen Informationen übertragbar auf andere Wörter. Daher kannst du auch darauf stoßen, wenn du von einem ganz anderen Stichwort aus dem mit einem Pfeil gekennzeichneten Verweis folgst.
- Die Hinweise mit den **„Mausefallen"** machen dich in diesem Wörterbuch auf knifflige Fälle, die oft zu Fehlern oder Verwechslungen führen, aufmerksam. Lies deshalb diese Informationen immer sorgfältig durch.
  Wenn du ein anderes Wörterbuch als den „Schülerduden – Rechtschreibung und Wortkunde" benutzt, sind diese Hinweise möglicherweise anders gekennzeichnet oder fehlen ganz.

19 7./8. Kl.

Sind die Angaben mit den Wochentagen richtig geschrieben? Kontrolliere die Schreibung, indem du den Infokasten zum Stichwort *Dienstag* genau liest. Markiere die Fehler und korrigiere sie am Rand.

1. Es geschah eines regnerischen samstags. ____________________
2. Sie geht sonntags immer zu ihren Großeltern. ____________________
3. Am Donnerstag Abend kommt der Film im Kino. ____________________
4. Meine Mutter hat am nächsten montag frei. ____________________

der **Diens|tag, diens|tags**

Das Nomen »Dienstag« schreibt man groß:

- des Dienstags; es geschah eines Dienstags
- wir treffen uns am [nächsten] Dienstag

Das Adverb »dienstags« schreibt man dagegen klein:

- sie kommt [immer] dienstags
- dienstags habe ich keine Zeit

Verbindungen aus Wochentag und Tageszeitangabe:

- [am] Dienstag abends um neun Uhr treffen wir uns wieder; ABER: am [nächsten] Dienstagabend spielen wir Schach
- dienstagabends *oder* dienstags abends spielen wir Skat

20 7./8. Kl. **Lies jeweils den „Mausefallen"-Hinweis aus dem „Schülerduden – Rechtschreibung und Wortkunde" und prüfe die Sätze daneben. Korrigiere sie, falls nötig, auf der Linie darunter.**

1. Du nimmst den Bus Nummer 7. Er fährt vom Bussbahnhof ab.

   ____

   > *Bus* wird im Nominativ Singular nur mit einem *s* geschrieben, obwohl Genitiv Singular und Pluralformen mit Doppel-s gebildet werden.

2. Max kommt heute scheinbar nicht. Anne ist scheinbar zu jedem freundlich.

   ____

   > Nicht verwechseln: Das Adjektiv *scheinbar* sagt, dass etwas in Wirklichkeit nicht so ist, wie es sich darstellt. Mit *anscheinend* wird dagegen die Vermutung ausgedrückt, dass etwas auch so ist, wie es erscheint.

3. Wir sind am Nachmittag nicht Zuhause. Ihr Zuhause ist eine Besenkammer.

   ____

   > Groß und in einem Wort schreibt man *Zuhause* nur, wenn ein Artikel oder ein Pronomen vorangeht: *das Zuhause / mein, euer Zuhause.* In allen anderen Fällen sind die Schreibungen *zu Hause* und *zuhause* richtig.

21 7./8. Kl. **Sieh dir die folgenden „Mausefallen"-Hinweise aus dem „Schülerduden – Rechtschreibung und Wortkunde" genau an: Welchen wichtigen Hinweis geben sie jeweils?**

1. ______________________________

   ____

   ____

   > **Silvester**
   > Der Name des letzten Tages im Kalenderjahr wird nicht mit *y,* sondern mit *i* geschrieben: »Silvester«.

2. ______________________________

   ____

   ____

   > **Routine**
   > Viele Fremdwörter werden anders geschrieben, als sie gesprochen werden, oder ganz anders als vergleichbare Fremdwörter. Dazu gehört auch das Nomen *Routine,* das mit *ou* geschrieben wird.

22 9./10. Kl. **Stelle zuerst Vermutungen an, weshalb es zu den folgenden Stichwörtern einen „Mausefallen"-Hinweis geben könnte. Schreibe in dein Heft. Falls du den „Schülerduden – Rechtschreibung und Wortkunde" hast, schlage an entsprechender Stelle nach und vergleiche deine Antwort mit den Informationen, die du dort findest.**

Fräulein	Missbildung	Zigeuner

 ► Lösungsheft S. 4

Worterklärungen finden

Bei vielen Stichwörtern findest du in Klammern eine Worterklärung oder eine Angabe zu dem Sachgebiet, aus dem das Wort stammt.
Wenn du die Bedeutung eines Wortes nicht kennst, kannst du sie also auch mithilfe deines Wörterbuchs herausfinden oder zumindest eingrenzen.

23 7./8. Kl.

Was bedeuten die folgenden Wörter? Schlage in deinem Wörterbuch nach und notiere die Worterklärung in Klammern.

1. landläufig: ______
2. Requisit: ______
3. chatten: ______
4. plausibel: ______
5. Fazit: ______
6. Schnepfe: ______
7. konstant: ______
8. munden: ______
9. paradox: ______

24 7./8. Kl.

Was bedeuten die folgenden Abkürzungen? Wenn du unsicher bist, suche sie in deinem Wörterbuch.
Tipp: Im „Schülerduden – Rechtschreibung und Wortkunde" findest du im Anhang ein Verzeichnis gebräuchlicher Abkürzungen und Kurzwörter.

v. Chr. = ______
ca. = ______
lat. = ______
vgl. = ______
Dtl. = ______
b. w. = ______
EU = ______
Jh. = ______
Sg. = ______
MA. = ______

► Lösungsheft S. 4

25 9./10. Kl.

Mithilfe deines Wörterbuchs kannst du auch stilistische oder die Wortwahl betreffende Fehler erkennen. Lies den folgenden Text und schlage die unterstrichenen Wörter nach. Notiere stichpunktartig in deinem Heft die wichtigsten Informationen zu Stilebene und Bedeutung und verbessere anschließend die Textstellen.

Am vergangenen Samstag frönten wir stundenlang dem Einkaufen. Erst als es uns mit den Menschenmassen allmählich zu stressig wurde, fuhren wir in der Abenddämmerung mit dem Auto wieder nach Hause. Nachdem wir in einen Hain gekommen waren, mussten wir plötzlich bremsen, weil mehrere Vehikel die Straße blockierten. Menschen standen herum und gafften auf den Boden. Wir stiegen aus und sahen sofort das brachliegende Reh, das offenbar angefahren wurde.

Die Aussprachehilfen nutzen

Anhand der Aussprachehilfen in deinem Wörterbuch kannst du die richtige **Betonung** und bei Fremdwörtern auch die richtige **Aussprache** nachschlagen (↑ S. 10).

26 7./8. Kl.

Prüfe, ob die Betonungszeichen korrekt gesetzt sind, und berichtige sie, wenn nötig. Schlage die Wörter nach, wenn du unsicher bist.

Labyrinth	__________	Thema	__________
prophezeien	__________	Kopie	__________
chaotisch	__________	Ostsee	__________
Tunnel	__________	Sturzhelm	__________

27 7./8. Kl.

Setze die Betonungszeichen. Schlage in deinem Wörterbuch nach, wenn du unsicher bist.

daneben	Korrektur	Nationalität
robust	Sekunde	überlisten
Stadion	missglücken	Widerrede

 ► Lösungsheft S. 4

28 7./8. Kl.

Fremdwörter werden manchmal ganz anders geschrieben, als man sie ausspricht. Wenn du ein Wort nicht findest, überlege, wie man es noch schreiben könnte. Hilfreich ist, wenn du weißt, aus welcher Sprache das Fremdwort stammt. So kannst du die Eigenheiten der Ursprungssprache in deine Überlegungen einbeziehen. Kreise die richtige Schreibung ein.

1. Bebi	Babi	Baby
2. Fantohm	Phantom	Vantom
3. Karackter	Caracter	Charakter
4. Chanse	Chance	Chonce
5. Luhsa	Luhser	Loser
6. sümpatisch	symphatisch	sympathisch
7. Reschersche	Researche	Recherche
8. theoretisch	teoretisch	theorethisch

29 9./10. Kl.

Im folgenden Text sind einige Wörter in eckigen Klammern in Lautschrift geschrieben. Sprich sie richtig aus, suche sie im Wörterbuch und notiere die richtige Schreibung bei der entsprechenden Nummer.

Sonntags gehen wir manchmal in ein einfaches (1) [rɛsto'rãː] auf dem Land. Dort gibt es die beste (2) ['kœrivʊrst] und die besten (3) [pɔm'frɪt], die ich jemals gegessen habe. Besonders lecker findet mein Bruder das (4) ['kɛt͜ʃap]. Er verkleckert damit jedes Mal nicht nur sein (5) [ʃøːɐ̯t], sondern auch seine (6) [d͜ʒiːns]. Für meine Eltern ist das absolute (7) ['ha͜ila͜it] ein blutiges (8) [steːk]. Ich glaube, wenn sie das entsprechende (9) [by'd͜ʒeː] hätten, würden sie die Köchin allein dafür (10) [ãga'ʒiːrən]. Als Nachtisch essen wir Eis, (11) ['greːpfruːt] schmeckt mir besonders gut. Meine kleine Schwester freut sich am meisten über die (12) [bõ'bõːs], die mit der Rechnung kommen.

(1) ____________ (2) ____________ (3) ____________

(4) ____________ (5) ____________ (6) ____________

(7) ____________ (8) ____________ (9) ____________

(10) ____________ (11) ____________ (12) ____________

Checkliste: Fehleranalyse

Ob du deine Leistung im Sport oder deine Rechtschreibung verbessern willst – es gilt immer: Mach dir zuerst klar, was du schon gut kannst und wo deine Schwachpunkte liegen! Denn ein sinnvolles und effektives Training führt dich schneller ans Ziel. Nimm für deine Bestandsaufnahme von deinen letzten Klassenarbeiten, Aufsätzen oder Diktaten im Fach Deutsch drei zur Hand. Gehe damit die Checkliste durch und trage deine Fehler ein. Entscheide dann, was du üben möchtest: Suche

Fehlerart	Fehleranzahl	Fehleranzahl	Fehleranzahl	Trainiere mit den Übungen auf Seite
Laute und Buchstaben				
Doppelkonsonant oder nicht?				26, 30, 31
s, ss oder *ß?*				26, 27, 32–33
drei gleiche Buchstaben				29
b oder *p? d* oder *t? g* oder *k?*				26, 27
f oder *v? w* oder *v?*				26, 40
k, ck oder *kk? z, tz* oder *zz?*				31–32
x, chs, ks oder *gs?*				26, 34
Doppelvokal oder nicht?				26, 38, 40
mit oder ohne Dehnungs-h?				26, 36–38, 40
i, ie oder *ieh?*				26, 36–37, 40
e oder *ä? eu* oder *äu?*				28, 40
gleich/ähnlich klingende Wörter *(das/dass, seid/seit* usw.*)*				40
Endungen				27, 30–31, 34–35
Getrennt oder zusammen?				
ein oder zwei Verben?				41–42
ein oder zwei Nomen (Substantive)?				53–54
ein oder zwei Adjektive?				49
Verbindungen mit Verben				43–47, 57–58
Verbindungen mit Nomen				43–44, 53–58
Verbindungen mit Adjektiven				45–46, 49–50
Verbindungen mit Partizipien				51–52
mit oder ohne Bindestrich?				59–63

dir für jeden Trainingstag ein Rechtschreibthema aus – auf keinen Fall mehr! Mithilfe der Seitenangaben in der rechten Spalte findest du die passenden Übungen. Arbeite sie durch und achte darauf, dass der Schwierigkeitsgrad nicht über deiner Klassenstufe liegt! Hake das Thema ab, nachdem du alles richtig bearbeitet hast. Belohne dich, wenn du ein für dich schwieriges Thema gemeistert hast, denn das hilft dir beim Durchhalten!

Fehlerart	Fehler-anzahl	Fehler-anzahl	Fehler-anzahl	Trainiere mit den Übungen auf Seite
Groß oder klein?				
Satzanfänge, Überschriften, Titel				64
nach Doppelpunkt				65–66
Nomen (Substantive)				67–71, 73–78
Verben				68–71, 73, 77
Adjektive, Partizipien				73–76, 83–85
Pronomen				81, 86–87
Zeitangaben, Mengen, Zahlen				79–81, 83–85
Wortverbindungen				67, 70–71, 73, 76–78, 83–85
Eigenname oder nicht?				83–85
Zeichensetzung				
am Satzende				88–89
Doppelpunkt, Strichpunkt				89–90
Gedankenstrich, Klammern				101–103
Komma zwischen Wörtern				91–93
Komma zwischen Sätzen				93–97
Komma beim Infinitiv				97–98
Komma bei *als* und *wie*				97
Komma bei Zusätzen				100
Anführungszeichen				104–106
wörtliche Rede mit Begleitsatz				104–105
mit oder ohne Apostroph?				107–108
Ergänzungsstrich				109
Auslassungen, Abkürzungen				107–111
Worttrennung				112–115

Kapitel 2: Rechtschreibung und Zeichensetzung

A Übungen zu den Buchstabenregeln

1 Der Wortstamm

Das Wortstammprinzip

Der Wortstamm ist der Kern eines Wortes, der mit Vorsilben (Präfixen) und Endungen (Suffixen) erweitert werden kann. Dieser Wortstamm wird in allen Wörtern gleich geschrieben:

bell...: bellen, ich belle, er/sie bellt, sie bellten, ihr habt gebellt, bellend, wir wurden angebellt, das Gebell

1 Markiere jeweils den Wortstamm farbig.

5./6. Kl.

ich wette	er wettet	wir haben gewettet	wetten
du wettest	sie wetteten	die Wette	verwettet
abmähen	ich mähe	du mähst	ihr mäht
sie hat gemäht	mähend	wir mähten	abgemäht
die Schwere	schwerer	er beschwerte sich	erschwert
schwerlich	unbeschwert	schwerelos	die Beschwerde

2 Bilde mit den folgenden Wortstämmen jeweils fünf Wörter.

5./6. Kl.

knall...	lieb...	reiß...
____________	____________	____________
____________	____________	____________
____________	____________	____________
____________	____________	____________
____________	____________	____________

 ► Lösungsheft S. 5

Die Verlängerungsprobe

Wenn du unsicher bist, mit welchem Konsonanten (Mitlaut) der Wortstamm endet, hilft dir die Verlängerungsprobe weiter: Bilde ein verwandtes Wort, indem du eine Endung wie *-e, -en, -er, -es, -in, -ung* an den Wortstamm hängst. Sprich dann das Wort deutlich aus, sodass du den Endkonsonanten genau hörst:

b/p?	*klebrig → kleben, Kleber*	*Hupkonzert → Hupe, hupen*
d/t?	*Land → Landung, landen*	*Leitsystem → Leitung, leiten*
g/k?	*Trog → (des) Troges, Tröge*	*Tankwart → tanken, Tanker*
s/ß?	*Blaskapelle → blasen, Blase*	*Kloß → (des) Kloßes, Klöße*

3 5./6. Kl. **Wende die Verlängerungsprobe an: Schreibe das verlängerte Wort auf und setze den richtigen Buchstaben in die Lücke ein.**

1. *b* oder *p?*

Lau__säge	→ ______	abgepum__t	→ ______
lö__lich	→ ______	Rau__kopie	→ ______
übergestül__t	→ ______	glau__haft	→ ______

2. *d* oder *t?*

Han__lung	→ ______	wör__lich	→ ______
stün__lich	→ ______	lau__hals	→ ______
zei__gleich	→ ______	lei__tun	→ ______

3. *g* oder *k?*

fra__lich	→ ______	erfol__reich	→ ______
wir__lich	→ ______	Zwei__stelle	→ ______
sor__los	→ ______	Mer__mal	→ ______

4. *s* oder *ß?*

Schlie__fach	→ ______	eingeschleu__t	→ ______
ma__los	→ ______	Fu__gänger	→ ______
Mäu__chen	→ ______	Le__barkeit	→ ______

► Lösungsheft S. 5

Die Wortfamilienregel

Ob man ein Wort mit *e* oder *ä* bzw. mit *eu* oder *äu* schreibt, kannst du oft nicht hören. Wende in diesen Fällen die Wortfamilienregel an: Wenn es ein verwandtes Wort mit *a* oder *au* gibt, schreibt man das Wort mit *ä* oder *äu;* wenn nicht, schreibt man das Wort meist mit *e* oder *eu:*

*Kuhst**ä**lle* → *Kuhst**a**ll* | *Fundst**e**lle* → *st**e**llen*

häu**fen* → *H**au**fen* | *N**eu**igkeit* → ***neu

4 5./6. Kl.

Gibt es ein verwandtes Wort mit *a* oder *au?* Überlege genau und setze die Buchstaben *e/ä* bzw. *eu/äu* in die Lücken ein. Gib ein Beispiel, wenn du ein verwandtes Wort kennst, setze andernfalls einen Strich.

1. Verwandtes Wort mit *a?*

Gef__lligkeit → ____________ schm__rzlos → ____________

regelm__ßig → ____________ unversch__mt → ____________

k__mpferisch → ____________ L__ngsachse → ____________

2. Verwandtes Wort mit *au?*

Geb___de → ____________ sch___mend → ____________

R___mlichkeit → ____________ Wettl___fe → ____________

kaltschn___zig → ____________ absch___lich → ____________

5 5./6. Kl.

Streiche im folgenden Text jeweils die falsche Schreibung durch.

Die Einbrecher/Einbrächer waren äußerst/eußerst unvorsichtig. Sie rüttelten so häftig/heftig an der Tür des Geschäfts/Geschefts, dass der Hund des Nachtwächters/Nachtwechters Alarm schlug. Ihren Bäutel/Beutel ließen die Räuber/Reuber auf der Ställe/Stelle fallen. Wie so häufig/heufig wäre/were ihre Bäute/Beute auch diesmal erbärmlich/erbermlich gewesen. Die Räume/Reume dienen nämlich/nemlich als Abstellfläche/Abstellfleche für verdorbene Lebensmittel. Selbst die Säfte/Sefte gären/geren bereits und sind nicht mehr verwändbar/verwendbar.

 ► Lösungsheft S. 5

Drei gleiche Buchstaben

Treffen in einem zusammengesetzten Wort drei gleiche Buchstaben aufeinander, bleiben alle drei erhalten. Wenn dadurch das Wort schwer lesbar ist, kannst du einen Bindestrich einfügen; das gilt vor allem bei drei gleichen Vokalen: *See-**E**lefant* oder *S**eee**lefant, Bre**nnn**essel* oder *Bre**nn-N**essel*

6 5./6. Kl. **Setze die Wörter so zusammen, dass dabei drei gleiche Buchstaben aufeinandertreffen. Versuche dabei, sinnvolle Wörter zu bilden und alle Teilwörter zu verwenden.**

Ballett	Ernte	______
Bestell	Erzeuger	______
Bett	Eule	______
Ess	Form	______
Fett	Insel	______
Griff	Läufer	______
Hawaii	lebig	______
Kaffee	Liste	______
Kinn	Meister	______
Krepp	Narbe	______
Schnee	Papier	______
schnell	Riegel	______
schnell	sicher	______
Schrott	Störung	______
Schuss	Tauchen	______
Schwimm	Teile	______
Sperr	triefend	______
Tee	Truppe	______
Wett	Tuch	______

▸ Lösungsheft S. 5

2 Die Konsonanten

Die Doppelkonsonanten

Wenn du unsicher bist, ob ein Wort mit Doppelkonsonant (Doppelmitlaut) geschrieben wird oder nicht, betrachte den Wortstamm (↑ S. 26):

- Ein Doppelkonsonant steht nur nach einem kurzen betonten Vokal (Selbstlaut) im Wortstamm.
  *ne**tt**, ho**ff**-en, Tre**nn**-ung, ge-ro**ll**-t*
- Folgen auf einen kurzen betonten Vokal **im Wortstamm** jedoch mehrere Konsonanten (Mitlaute), steht kein Doppelkonsonant:
  *Gu**rt**, he**ft**-en, Hä**nd**-e, ver-we**lk**-t*

7 (5./6. Kl.) **Doppelkonsonant oder nicht? Kennzeichne jeweils den Wortstamm und streiche die falsche Schreibung durch.**

wennden / wenden	kommt / komt	bewirrken / bewirken
Perrle / Perle	Sammlung / Samlung	herrlich / herlich
Kupplung / Kuplung	lanndete / landete	sinnlos / sinlos
verwirrt / verwirt	gefalltet / gefaltet	winnselte / winselte
bekannt / bekant	kippte / kipte	fellsig / felsig
Lüfftung / Lüftung	abgesperrt / abgespert	veralltet / veraltet
klapprig / klaprig	erkälltet / erkältet	gepummpt / gepumpt

Die Endungen *-in* und *-nis*

- Bei den Endungen *-in* und *-nis* wird der letzte Konsonant (Mitlaut) nur verdoppelt, wenn eine weitere Endung angefügt wird, beispielsweise im Plural oder im Genitiv (2. Fall):
  die Schülerin → die Schülerinnen, das Zeugnis → des Zeugnisses
- Bei vielen Wörtern mit den Endungen *-as*, *-is*, *-os* und *-us* kannst du diese Regel ebenfalls anwenden:
  die Ananas → die Ananasse, der Kürbis → den Kürbissen,
  der Albatros → die Albatrosse, der Diskus → die Diskusse

 ▸ Lösungsheft S. 5

8 5./6. Kl.

Einfacher Konsonant oder Doppelkonsonant? Setze richtig ein.

mein Geheimni___	drei Lehreri___en	deine Erlebni___e
ein Globu___	im Zirku___	die Ilti___e
eine Ärzti___	viele Kroku___e	die Schulbu___e
fünf Läuferi___en	die Piloti___en	ein Rhinozero___
im Gefängni___	die Unkenntni___	eine Kaiseri___

9 7./8. Kl.

Bilde mit den Verben aus dem Wortspeicher Nomen (Substantive), die auf *-in* oder *-nis* enden, und ordne sie ein. Setze sie dann in den Plural.

ergeben – fahren – gleichen – hindern – kochen – leiten – spielen – trainieren – verhalten – wagen

Endung *-in* Singular	Plural	Endung *-nis* Singular	Plural
______	______	______	______
______	______	______	______
______	______	______	______
______	______	______	______
______	______	______	______

Die Laute *k* und *z*

- Nach einem Konsonanten (Mitlaut) sowie nach einem langen oder doppelten Vokal (Selbstlaut) steht immer ein einfaches *k/z:*
  stark, melken *Walze, kurz*
  Ekel, Gaukler *(jemanden) siezen, Weizen*
- Wenn die Laute *k* und *z* auf einen kurzen betonten Vokal folgen, steht *ck* statt *kk* und *tz* statt *zz:*
  stecken, Mücke *sitzen, bockig*
  Diese Regel gilt für deutsche Wörter; manche Fremdwörter werden mit *kk* oder *zz* geschrieben:
  Mokka, Sakko *Pizza, Skizze*

► Lösungsheft S. 5

10 Finde zu jedem Wort ein Reimwort.

5./6. Kl.

entzückt	flackern	Hecke	backen
________	________	________	________
entdecken	Stücke	geweckt	kleckern
________	________	________	________
hinken	werken	Pflanze	kurz
________	________	________	________
hetzen	Plätze	kratzen	schmutzig
________	________	________	________
Mütze	Sitz	verpetzt	Glatze
________	________	________	________

11 Nimm dein Wörterbuch und ergänze das erste Stichwort mit k-Laut oder z-Laut, das wie folgt beginnt. Übertrage auch die Betonungszeichen.

7./8. Kl.

… + k-Laut:		… + z-Laut:	
wa*ckelig*	Kra______	Me______	Gei______
Ze______	Bu______	Schu______	O______

Der s-Laut

Nach einem **kurzen betonten Vokal** (Selbstlaut) wird der s-Laut als *ss* geschrieben, wenn er am Ende des Wortstamms steht:
Fluss, bissig Aber: *fest, lispeln* (s-Laut nicht am Wortstammende)
Nach einem **langen Vokal** (Selbstlaut) schreibt man den s-Laut mit

- *ß*, wenn er scharf (stimmlos, „gezischt") ausgesprochen wird: *Fuß, fleißig,*
- *s*, wenn er weich (stimmhaft, „gesummt") ausgesprochen wird: *Reise, Häuser.*

Achte bei unregelmäßigen Verben genau auf die Länge des Vokals:
fressen: *es fri**ss**t – es fra**ß***
gießen: *er gie**ß**t – er go**ss***

 ► Lösungsheft S. 5–6

12 **Ergänze die s-Laute in der Geschichte: Setze *s*, *ß* oder *ss* ein.**

5./6. Kl.

Ein gro___er Hund hatte einem kleinen Hund ein Stück Fleisch abgejagt und sau___te mit seiner Beute davon. Al___ er sich schon auf die feine Spei___e freute und genü___lich über eine Brücke lief, fiel sein Blick zufällig ins Wa___er. Wie vom Blitzschlag getroffen blieb er stehen, denn er sah unter sich einen Hund, der ein rie___iges Stück Fleisch fe___thielt. „Ist denn das zu fa___en!“, knurrte der Hund auf der Brücke. „Mir scheint, der andere hat einen Leckerbi___en, der noch grö___er ist als meiner.“ Wild entschlo___en stürzte sich der Hund in den Flu___ und versuchte den Hund, den er von der Brücke aus gesehen hatte, zu bei___en. Das Wa___er spritzte hoch und der Hund spähte ha___tig nach recht___ und link___. Aber er konnte seinen Artgeno___en beim be___ten Willen nicht mehr finden.
Da stellte der Hund fe___t, dass er sein eigenes Stück Fleisch beinahe verge___en hätte. Wo war es nur geblieben? Wie bese___en tauchte er unter und suchte danach. Alles umson___t! Wegen seiner ra___enden Gier und seiner Mi___gunst war ihm jetzt auch noch das kö___tliche Stück Fleisch in Verlu___t geraten, das er bereit___ sicher zwischen den Zähnen hatte.

13 **Fülle die Tabelle aus.**

7./8. Kl.

Infinitiv	Präsens	Perfekt
passen	es *passt*	*es hat gepasst*
genießen	er ___	___
beweisen	ihr ___	___
schließen	er ___	___
wissen	ich ___	___
reißen	er ___	___

Rechtschreibung und Zeichensetzung

► Lösungsheft S. 6

Der x-Laut

- In der Regel wird der x-Laut mit dem Buchstaben *x* geschrieben: *boxen, Xylofon*
- In einigen Wörtern wird der x-Laut als *chs* geschrieben: *wechseln, Dachs, Fuchs*
- Manchmal entsteht der x-Laut dadurch, dass die Endung *-s* an einen Wortstamm auf *-g* oder *-k* angefügt wurde:
  nachmittags → Nachmittag *des Schranks → Schrank*

14 Ergänze den x-Laut: *x, chs, gs* oder *ks/cks?*

5./6. Kl.

1. Er lief schnurstra_____ auf uns zu.
2. Sie saß am anderen Ende des Zu_____.
3. Wenn ich doch nur he_____en könnte!
4. Es war mu_____mäuschenstill.
5. Er zerkleinerte das Holz mit der A_____t.
6. Die Pra_____is ist heute geschlossen.
7. Ihr kennt tolle Zaubertri_____!
8. Sie gab mir das We_____elgeld.
9. Wir sollten mal einen E_____perten fragen.
10. Statt zu antworten, zuckte er nur mit den A_____eln.

Die Verkürzung der Endung *-st* bei Verben

Bei Verben wird die 2. Person Singular mit der Endung *-st* gebildet. Endet der Verbstamm mit einem s-Laut, wird die Endung zu *-t* verkürzt:

reisen/reis... → *du reist*
passen/pass... → *du passt*
beißen/beiß... → *du beißt*

Beachte, dass auch bei *x* und *z* am Ende ein s-Laut gesprochen wird:

mixen/mix... → *du mixt*
motzen/motz... → *du motzt*

 ► Lösungsheft S. 6

15 **Bilde die Form der 2. Person Singular Präsens der folgenden Verben.**

5./6. Kl.

einkreisen	→ ______	hassen	→ ______
stutzen	→ ______	gießen	→ ______
brausen	→ ______	boxen	→ ______
sitzen	→ ______	vergessen	→ ______
faxen	→ ______	heizen	→ ______

16 **Streiche alle falsch geschriebenen Präsensformen durch.**

7./8. Kl.

du schmust	du weisst	du vermist	du nießst
du heist	du isst	du dösst	du bläst
du lösst	du ließt	du verreist	du schmeisst

Der Superlativ

- Adjektive kannst du steigern. Die höchste Steigerungsstufe (Superlativ) bildest du, indem du an die Grundstufe (Positiv) die Endung *-ste* anhängst:
  trocken → trockenste
- Endet der Positiv auf *-d* oder *-t*, bleibt dieser Buchstabe im Superlativ erhalten:
  *rührend → rühren**d**ste, verbreitet → verbreite**t**ste*

17 **Bilde den Superlativ.**

7./8. Kl.

1. abgelegen → der ______ Ort der Insel
2. bedrückend → die ______ Szene des Films
3. gebeutelt → der ______ Teil der Bevölkerung
4. unterentwickelt → das ______ Land des Kontinents
5. überraschend → der ______ Moment für mich
6. erfahren → die ______ Lehrer unserer Schule
7. imponierend → das ______ Gebäude der Stadt
8. erbittert → die ______ Kämpfe seit Jahren

► Lösungsheft S. 6

3 Die Vokale

Der i-Laut

Der lang gesprochene i-Laut wird

- in den meisten deutschen Wörtern als *ie* geschrieben:
  Liebe, schließen, ziemlich, wie
- in Fremdwörtern meist *i* geschrieben; man schreibt jedoch *ie,* wenn sie auf *-ie, -ier* oder *-ieren* enden:
  Reptil, Kabine, stabil
  Sympathie, Revier, probieren

Die Ausnahmen musst du dir einzeln einprägen, z. B.:

- deutsche Wörter mit einfachem *i:*
  mir, (du) gibst, Fibel, Igel, Tiger
- Fremdwörter auf *-ir:*
  Geysir, Souvenir, Vampir
- die folgenden Pronomen (Fürwörter) mit der Schreibung *ih:*
  ihm, ihn, ihnen, ihr
- die wenigen Wörter, in denen der lange i-Laut *ieh* geschrieben wird; es handelt sich dabei meist um Verben, deren Grundform (Infinitiv) man mit *eh* oder *eih* schreibt:
  stehlen → du stiehlst, verzeihen → ich habe verziehen
  Darüber hinaus schreibt man nur noch folgende Wörter mit *ieh:*
  fliehen, Vieh, wiehern, ziehen

18 5./6. Kl. **Hebe alle lang gesprochenen i-Laute farbig hervor. Streiche die Wörter durch, die keinen langen i-Laut enthalten.**

Fliege abbiegen mit befiehlt Vitamin Liter
reduzieren Kantine Medizin Trick dekoriert
Rosine erwidern Musik Krokodil verlieren
Termin hinten geschrieben Ihnen anmutig im
Fantasie windig immer Biber Diktat zwanzig
Krise Kinder wir Stilrichtung widerwärtig
Augenlider riesig Besenstiel richtig privat

 ► Lösungsheft S. 6

19 **Welche Wörter mit langem i-Laut passen? Sie ergeben ein Lösungswort.**

7./8. Kl.

1. Honig produzierendes Insekt:
2. Gerät, Automat (Fremdwort):
3. Name eines Buches (Fremdwort):
4. Entgelt für die Nutzung von Räumen:
5. Kraft, Antrieb (Fremdwort):
6. Krankheitserreger (Fremdwort):
7. nicht mehr kaputt (Fremdwort):
8. keiner:

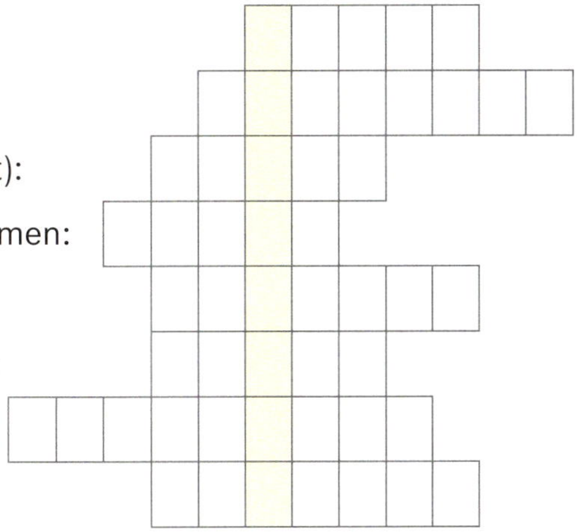

20 **Ergänze die i-Laute in den Scherzfragen. Kennst du die Antworten?**

7./8. Kl.

1. D____ Bl____nde s____t den T____ger zuerst, d____ Lahme erw____scht ____n und d____ Nackte steckt ____n ____n ____re Hosentasche. Was ____st das?
2. Was gesch____t, wenn s____ch eine Kuh ____n eine G____raffe verl____bt und s____ ein Junges bekommen?
3. Was solltest du n____ tun, wenn du eine r____s____ge Schlange s____st?
4. W____so kann ein D____b n____cht fl____en, wenn der Pol____z____st eine Schere aus der Tasche z____t?

Das Dehnungs-h

- Das Dehnungs-h steht in der Regel, wenn der Wortstamm mit einem **einfachen langen Vokal** (Selbstlaut) endet:
  nah, Kuh, mäh-en, Dreh-ung
- Das Dehnungs-h steht oft (nicht immer!) nach einem einfachen langen Vokal vor den Konsonanten *l, m, n, r* am Wortstammende:
  Zahl, be-rühm-t, wohn-en, sehr
- Es steht **kein** Dehnungs-h, wenn im Wortstamm auf einen langen Vokal zwei oder mehr Konsonanten (Mitlaute) folgen:
  Mond, Wüste

► Lösungsheft S. 6–7

21 **Füge ein Dehnungs-h in die Lücke ein, wenn nötig.**

7./8. Kl.

Lilli ma__g la__me Enten, mü__de Le__rer, ho__le Bäu__me, E__rlichkeit, abste__ende O__ren, ungefä__rliche Tie__re wie grö__lende Schafe, dö__sende Ha__sen oder grü__ne Spa__rschweine, Lo__sbu__den, lau__warme Ma__lzei__ten, a__ber nu__r o__ne Kno__blauch, Ta__ge mit stra__lend blau__em Himmel, beque__me Klei__der, Ma__lbü__cher und wie alle Mä__dchen Blu__men, nä__mlich ro__t blü__ende Ro__sen. Sie liebt es, durch verke__rsberu__igte Zo__nen zu fa__ren, wü__tende Brü__der beim Abspü__len zu stö__ren, in den Fe__rien ausgede__nt zu frü__stücken und soga__r kle__brige Re__genwürmer zu berü__ren.

Die Doppelvokale

In einigen wenigen Wörtern wird ein lang gesprochener Vokal durch einen Doppelvokal gekennzeichnet *(aa, ee, oo)*. Umlaute werden dagegen nie verdoppelt:
Haar – Härchen, Boot – Bötchen

22 **Ergänze jeweils den passenden langen Vokal.**

7./8. Kl.

die beh___rte Brust
im geschmückten S___l
eine rote B___re
das Blumenb___t
der deutsche St___t
der Streichelz___
die M___rlandschaft
das Mittelm___r
ein Tässchen T___
lauter l___re Versprechen
ein verh___rendes Unwetter
ein m___sgrünes Kleid

23 **Suche jeweils ein verwandtes Wort, das nicht mit dem Doppelvokal *aa* geschrieben wird. Nimm gegebenenfalls dein Wörterbuch zu Hilfe.**

7./8. Kl.

Paar – ______________ Saal – ______________ Saat – ______________

 ► Lösungsheft S. 7

LERNSPIEL

7./8. Kl.

Stadt, lang, kurz

Ab 2 Spielern
Ihr braucht: Stifte und Papier

Das Spiel ist eine verschärfte Variante von Stadt, Land, Fluss. Bei dieser Version sollt ihr zu jedem Oberbegriff zwei Wörter finden: ein Wort mit langem Vokal und ein Wort mit kurzem Vokal.
Wählt gemeinsam drei oder vier Oberbegriffe aus, zu welchen ihr Wörter suchen wollt, z. B. Stadt, Pflanze, Tier, Beruf, Tätigkeit usw. Achtet darauf, dass die Bereiche nicht zu schwierig sind!

Jeder Spieler legt auf seinem Blatt im Querformat eine Tabelle mit den ausgewählten Bereichen nach folgendem Muster an:

Stadt		**Pflanze**		**Tier**	
lang	kurz	lang	kurz	lang	kurz

In jeder Spielrunde wird anfangs der Buchstabe ermittelt, mit dem alle Wörter beginnen müssen. Dazu sagt ein Spieler still das Alphabet auf, ein anderer ruft „Stopp!" Dann fangen alle an zu schreiben. Es dürfen auch lange und kurze Vokale in einem Wort enthalten sein, doch es sollten zu jedem Oberbegriff stets zwei passende Wörter gefunden werden, z. B.:

Stadt		**Pflanze**		**Tier**	
lang	kurz	lang	kurz	lang	kurz
Berlin	*Bonn*	*Beere*	*Bam-bus*	*Bär*	*Berg-ziege*

Wer zuerst fertig ist, ruft „Stifte weg!", danach darf nicht mehr geschrieben werden. Ihr könnt auch vorher eine Zeitdauer festlegen, bei drei Bereichen z. B. drei Minuten.

Anschließend werden die Wörter vorgetragen und Punkte vergeben:
Für jedes richtige Wort gibt es:
- fünf Punkte für mehrfach genannte Begriffe,
- zehn Punkte, wenn kein anderer Spieler das Wort notiert hat, und
- zwanzig Punkte, wenn kein anderer ein Wort gefunden hat.

Gewonnen hat der Spieler mit den meisten Punkten.

Rechtschreibung und Zeichensetzung

Gleich oder ähnlich klingende Wörter

Manche Wörter klingen gleich oder sehr ähnlich, sie unterscheiden sich jedoch in ihrer Bedeutung und in ihrer Schreibung (↑ Homofone, S. 123):
Fälle (Plural von *Fall*) – *Felle* (Plural von *Fell*)
Achte deshalb genau auf den Sinnzusammenhang!

24 7./8. Kl. **Setze passende Wörter aus dem Wortspeicher in die Lücken ein.**

Lider / Lieder – Wahl / Wal – faul / Foul – malt / mahlt – war / wahr – Tod / tot – Mine / Miene – Wagen / Waagen – seid / seit – das / dass

1. Mein Kaffeeautomat __________ sogar die Kaffeebohnen. / Er __________ nur großflächige Bilder.
2. Das war ein ganz grobes __________ und gibt die rote Karte. / Nun sei doch nicht so __________ und steh endlich auf!
3. Die ersten __________ dieser Band sind immer noch die besten! / Sie schloss ihre __________ nur kurz.
4. Die __________ ist schon wieder abgebrochen! / Was für eine __________ machst du denn heute?
5. Die __________ fiel keinem schwer, es war schnell entschieden. / Der __________ konnte wieder ins Wasser gezogen werden.
6. Sie holte den alten __________ aus der Garage. / Die alten __________ sind nicht ungenauer als die digitalen.
7. Endlich __________ ihr da! / Wir warten schon __________ Stunden.
8. Die Flutwelle riss viele Menschen in den __________. / Seine Großeltern waren schon lange __________.
9. Es __________ unglaublich heiß! / Es ist unglaublich, aber __________!
10. Muss __________ sein? / Ich hoffe, __________ es klappt.

 ► Lösungsheft S. 7

B Übungen zur Getrennt- und Zusammenschreibung

1 Verbindungen mit Verben

Verb + Verb

- Verbindungen aus Verb + Verb schreibt man in der Regel **getrennt;** das gilt auch, wenn eines der Verben im Infinitiv (in der Grundform) steht:
  lesen lernen → Er hat schnell lesen gelernt.
  schwimmen gehen → Sie sind zusammen schwimmen gegangen.
- Die Verbindung *kennenlernen/kennen lernen* kannst du getrennt oder zusammenschreiben:
  Ich habe sie erst gestern kennengelernt/kennen gelernt.
- Verbindungen mit dem Verb *bleiben* oder *lassen* kannst du zusammenschreiben, wenn sie nicht wörtlich gemeint sind, sondern im übertragenen Sinn gebraucht werden:
  Heute ist sie länger liegen geblieben.
  Die Arbeit ist liegen geblieben/liegengeblieben. (unerledigt bleiben)
  Ich würde das Bild dort hängen lassen.
  Er wird dich schon nicht hängen lassen/hängenlassen! (im Stich lassen)

1 **Setze passende Verb-Verb-Verbindungen in die Sätze ein.**

5./6. Kl.

spazieren + gehen	laufen + lernen	arbeiten + gehen
kennen + lernen	einkaufen + gehen	fallen + lassen

1. Ich muss noch einkaufen gehen, wir haben kein Brot mehr.
2. Die Vase war teuer, du darfst sie nicht fallen lassen!
3. Jedes Baby will laufen lernen.
4. Die Sonne scheint, lass uns doch spazieren gehen!
5. Deine neuen Nachbarn würde ich gerne kennen lernen.
6. Heute muss ich ausnahmsweise nicht arbeiten gehen.

▸ Lösungsheft S. 7

2 5./6. Kl.

Vollende die Sätze, indem du das Verb *lernen* mit einem anderen, von dir gewählten Verb kombinierst.

In den Ferien darf ich laufen lernen

Vor Kurzem habe ich laufen gelernt

Niemals werde ich laufen lernen

3 7./8. Kl.

Kombiniere die Verben zu acht sinnvollen Verbindungen.

bleiben – bleiben – bleiben – fahren – flöten –
gehen – gehen – hängen – kleben – können –
lernen – lieben – rechnen – stehen – stiften – wollen

stehen bleiben, hängen | bleiben, bleiben wollen,
fahren lernen, flöten | können, stiften gehen
rechnen gehen,

4 9./10. Kl.

Bilde zu jeder Verbindung mit dem Verb *bleiben* bzw. *lassen* zwei Sätze: Gebrauche die Verbindung zuerst im wörtlichen Sinn und anschließend in übertragener Bedeutung. Gib dabei alle richtigen Schreibungen an.

1. sitzen + bleiben:

2. stehen + lassen:

3. laufen + lassen:

 ► Lösungsheft S. 7

Nomen (Substantiv) + Verb

- Verbindungen aus Nomen (Substantiv) + Verb schreibt man **getrennt:** *Zug fahren, Gitarre spielen, Hunger leiden*
- Ist das Nomen in der Verbindung jedoch **verblasst** und somit nicht mehr eigenständig, schreibt man **zusammen:** *heimfahren, irreführen, preisgeben, standhalten, stattgeben, teilnehmen, wettmachen, wundernehmen*

5 **Zusammen oder getrennt? Streiche alle falschen Schreibungen durch.**

7./8. Kl.

Während viele von uns vor den Folgen der Klimaerwärmung angsthaben / Angst haben, müssen die Menschen andernorts bereits heute deshalb notleiden / Not leiden. Schuldtragen / Schuld tragen natürlich immer andere, nicht wir selbst. Tatsache ist, dass die meisten selbst bei den kürzesten Strecken autofahren / Auto fahren, obwohl sie mit dem Fahrrad nicht nur die umweltschonen / Umwelt schonen, sondern zusätzlich kostensparen / Kosten sparen würden. Sporttreiben / Sport treiben sie lieber im Fitnessstudio. Manche Politiker haben erkannt, wie sie aufsehenerregen / Aufsehen erregen können: weniger maßregeln / Maß regeln und stattdessen radfahren / Rad fahren und marathonlaufen / Marathon laufen.

6 **Füge die Verbindung in der richtigen Form ein. Überlege, ob das Nomen (Substantiv) in der Verbindung verblasst ist oder nicht.**

7./8. Kl.

1. STATT + FINDEN: Das beste Konzert aller Zeiten hat gestern stattgefunden.
2. SCHLANGE + STEHEN: An der Konzertkasse mussten wir ziemlich lang Schlange stehen.
3. PLATZ + NEHMEN: Nachdem wir uns durch die Menge gekämpft hatten, konnten wir endlich platznehmen.

► Lösungsheft S. 7–8

4. WETT + MACHEN: Und wir wussten, dass der Auftritt von Robbie alles ______________________ würde.
5. KOPF + STEHEN: Robbies Auftritt war gigantisch, sodass die Halle binnen Minuten ______________________.
6. STAND + HALTEN: Zum Schluss waren sich alle einig: Einem Vergleich kann so schnell niemand ______________________.

Verbindungen mit *sein*

Verbindungen mit dem Verb *sein* schreibt man immer **getrennt:**
dabei sein, auf gewesen

7 7./8. Kl. **Setze passende Verbindungen mit dem Verb *sein* in die Lücken ein.**

außerstande sein – da sein – Gewinner sein – hier sein – pleite sein – sein lassen – unterwegs sein – vorbei sein – zu sein – zumute sein

Er kann das Einkaufen einfach nicht ______________________. Wenn die Läden mal ________________, macht er einfach im Internet weiter, vor allem wenn ich nicht ________________. Gestern ging es zum Beispiel bei einer Auktion um einen riesigen Kratzbaum. Rate mal, wer der ______________________? Dabei hat er gar keine Katze und ich kann mich nicht erinnern, dass jemals eine ______________________. Alles nur, weil er ______________________, sich etwas durch die Lappen gehen zu lassen. Als wir neulich zusammen ________________ ________________, kaufte er mir mal eben ein neues Handy. Natürlich das neueste und teuerste, sodass mir hinterher ganz sonderlich ______________________. Sicher wird er irgendwann ______________________. Dann wird es wohl ________________ mit dem Dauershopping, hoffe ich …

 ► Lösungsheft S. 8

Adjektiv + Verb

- Verbindungen aus Adjektiv + Verb werden in den meisten Fällen getrennt geschrieben:
  *Ich möchte mittags **warm essen.***
- Du kannst die Verbindung aus Adjektiv + Verb auch zusammenschreiben, wenn durch das Adjektiv das Ergebnis der beschriebenen Handlung oder des Vorgangs bezeichnet wird:
  *Ich werde das Essen **warm machen/warmmachen.***
- Ist das Adjektiv jedoch gesteigert oder erweitert, wird die Verbindung getrennt geschrieben:
  *Ich muss das Essen **wärmer machen.***
  *Diesmal habe ich das Essen **zu heiß gemacht.***

8 7./8. Kl.

Unterstreiche jeweils die Verbindung aus Adjektiv und Verb. Kreuze dann an, ob die Verbindung nur getrennt (Schere) oder auch zusammengeschrieben (Kleber) werden darf.

	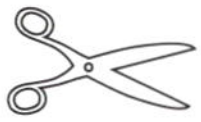	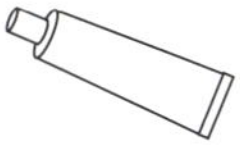
1. Alle sagen, dass meine Mutter so gut kocht.	☐	☐
2. Ob es wohl gut geht, wenn ich es versuche?	☐	☐
3. Es gibt Pommes, die leider dick machen.	☐	☐
4. Dazu muss man Kartoffeln klein schneiden.	☐	☐
5. Dann muss man diese trocken reiben.	☐	☐
6. Das Pflanzenfett wird ganz heiß gemacht.	☐	☐
7. Die Kartoffeln werden darin nur kurz frittiert.	☐	☐
8. Würstchen würden dazu gut passen.	☐	☐
9. Dieser Teil des Gerichts wird mir leichter fallen.	☐	☐
10. Würstchen muss man nämlich nur warm machen.	☐	☐
11. Dabei kann ich gar nichts falsch machen.	☐	☐
12. Bestimmt werden alle den Teller leer essen.	☐	☐
13. Wenn nicht, werde ich trotzdem locker bleiben.	☐	☐

► Lösungsheft S. 8

Adjektiv + Verb mit neuer Bedeutung

Entsteht durch die Verbindung von Adjektiv + Verb eine neue Gesamtbedeutung, musst du die Verbindung **zusammenschreiben:**
schwarzfahren, wahrsagen, einen Betrag gutschreiben

Wende die Steigerungsprobe an, wenn du unsicher bist:

- Kannst du das Adjektiv so steigern oder erweitern, dass die Verbindung in ihrem Zusammenhang weiterhin Sinn ergibt, wird sie getrennt geschrieben: *Wir sollten die Tür* ***kurz schließen.*** → *... ganz kurz schließen.*
- Verliert die Verbindung ihren Sinn, wenn du das Adjektiv steigerst oder erweiterst, wird sie zusammengeschrieben: *Wir sollten uns morgen* ***kurzschließen.*** → die Bedeutung „Kontakt aufnehmen" geht bei Steigerung oder Erweiterung verloren

9 (9./10. Kl.) **Silbensalat: Schreibe die Verbindungen aus Adjektiv + Verb richtig und mit ihrer Bedeutung auf. Du kannst dein Wörterbuch zu Hilfe nehmen.**

Das wollte ich LENSTELKLAR. ______________________

Er will heute MABLAUCHEN. ______________________

Du solltest ZERTENKÜRTRE. ______________________

10 (9./10. Kl.) **Zusammen oder getrennt? Überlege, ob durch die Verbindung eine neue oder übertragene Bedeutung entsteht, und füge sie in der passenden Form und der korrekten Schreibung ein.**

Man sollte mal (hoch + rechnen) ______________, wie lange meine Schwester täglich (fern + sehen) ______________. Stundenlang kann sie sich über alte Pannenvideos (schief + lachen) ______________. Mir würde es sehr (schwer + fallen) ______________, dauernd auf dem Sofa zu sitzen. Nur wenn ich mich (krank + fühlen) ______________, kommt das mal vor. Ansonsten würde ich mich über so eine Zeitverschwendung eher (schwarz + ärgern) ______________.

 ► Lösungsheft S. 8

Verben mit Zusätzen

- Ein Verb kann mit einer **Präposition** (Verhältniswort) zu einem trennbaren oder untrennbaren Verb verbunden sein. **Untrennbare Verben** werden in allen Formen zusammengeschrieben:
  Ich übersetze den Text. Der Arzt untersuchte den Patienten.
  Trennbare Verben werden nur im Infinitiv (in der Grundform), als Partizip und bei Endstellung im Nebensatz zusammengeschrieben:
  Ich sperrte ab/schrieb mit.
  Ich muss absperren/mitschreiben. Ich habe abgesperrt/mitgeschrieben.
  Ich dachte, dass du absperrst/mitschreibst.
- Ist das Verb mit einem **Adverb** (Umstandswort) verbunden, ist der Textzusammenhang entscheidend. Führe die **Betonungsprobe** durch, um herauszufinden, ob du getrennt oder zusammenschreiben musst:
  Liegt der Hauptakzent auf dem ersten Wort, wird die Verbindung zusammengeschrieben:
  Wir sind vor Schreck zusammengefahren.
  Ist hingegen das zweite Wort betont oder sind beide Wörter betont, musst du getrennt schreiben:
  Wir sind die Strecke zusammen gefahren.

11 9./10. Kl. **Bilde mit den Wörtern der ersten Spalte und den Verben der zweiten Spalte sinnvolle Verbindungen.**

an	fahren	______________
bevor	laufen	______________
hin	ragen	______________
hinterher	rennen	______________
nach	sagen	______________
über	schauen	______________
voraus	schließen	______________
weg	sprechen	______________
weiter	stehen	______________
zu	stellen	______________

► Lösungsheft S. 8

LERNSPIEL

7./8. Kl.

Was Willi will

Ab 4 Spielern
Ihr braucht: 1 Spielleiter

Alle Mitspieler setzen sich in einen Stuhlkreis. Euer Ziel ist, Mitglied im Willi-Klub zu werden. Dazu müsst ihr herausfinden, was Willi will und was Willi nicht will. Die folgende Spielanleitung darf nur vom Spielleiter gelesen werden.

Der Spielleiter, d. h. der Vorstand des Willi-Klubs, beginnt mit folgenden Aussagen:
Willi will Fußball spielen, aber kicken will er nicht.
Willi will Muscheln sammeln, aber verreisen will er nicht.
Willi will schwimmen gehen, aber baden will er nicht.
Anschließend werden alle aufgefordert, nach diesem Muster weitere Tätigkeiten zu formulieren, die Willi will und die er nicht will.

Die geheime Willi-Regel lautet: Willi will alles tun, was mit einer getrennt geschriebenen Verbindung bezeichnet wird; diese kann aus

- Nomen (Substantiv) + Verb oder
- Verb + Verb

gebildet werden. Tätigkeiten, die mit einfachen oder zusammengesetzten Verben bezeichnet werden, will er nicht.

Reihum versuchen alle, entsprechende Sätze zu bilden. Wer in drei aufeinanderfolgenden Runden nur richtige Willi-Sätze formuliert hat, weiß, wie Willi tickt, und wird im Klub aufgenommen.
Tipp: Führt eine Strichliste, wenn ihr eine größere Gruppe seid.

Beispiel:

Ein Satz, der nicht der Willi-Regel entspricht, wäre:
Willi will Musik machen, aber Klavier spielen will er nicht.
Der Vorstand und die Willi-Klub-Mitglieder prüfen und korrigieren die Sätze der Ratenden, zum genannten Beispiel etwa:
Nein. Willi will Musik machen und auch Klavier spielen, aber singen will er nicht.

Das Spiel endet, wenn alle Spieler Mitglied im Willi-Klub sind.
Tipp: Die Willi-Regel kann nach Bedarf variiert werden.

2 Verbindungen mit Adjektiven und Partizipien

Adjektiv + Adjektiv

- Zusammensetzungen aus Adjektiven werden zusammengeschrieben, wenn es sich um **gleichwertige Adjektive** handelt. Dies ist dann der Fall, wenn du das Wörtchen *und* dazwischenschieben könntest:
  nasskalt → nass und kalt
- Auch wenn das erste Adjektiv die Bedeutung des zweiten **verstärkt oder abschwächt,** gilt Zusammenschreibung:
  bitterkalt, hellgrün
- Die meisten anderen Verbindungen aus einem einfachen Adjektiv und einem weiteren Adjektiv werden getrennt geschrieben, oft kannst du sie aber auch zusammenschreiben:
  eine schwer kranke Patientin/eine schwerkranke Patientin
  ein leicht verständlicher Text/ein leichtverständlicher Text
- Ist das erste Adjektiv jedoch **erweitert oder gesteigert,** wird die Verbindung getrennt geschrieben:
  ein äußerst schwer krankes Kind, ein sehr leicht verständlicher Text

12 (7./8. Kl.) **Setze passende Adjektive aus dem Wortspeicher in die Lücken ein, sodass Zusammensetzungen aus Adjektiv + Adjektiv entstehen.**

klug – wertig – dumm – bitter – stumm – lau

____________dreist	super____________
minder____________	____________warm
____________ernst	taub____________

13 (9./10. Kl.) **Streiche alle falschen Schreibungen durch.**

1. ein schwer lösliches / schwerlösliches Pulver
2. eine allgemein gültige / allgemeingültige Regel
3. ein sehr leicht verdauliches / leichtverdauliches Gemüse
4. ein echt goldener / echtgoldener Ring

► Lösungsheft S. 8

Die Sparregel

Durch Wortverbindungen können Wörter eingespart werden. Wenn der erste Bestandteil einer Verbindung mit einem Adjektiv oder einem Partizip verkürzt worden ist, schreibst du zusammen:
lammfromm (fromm wie ein Lamm)
freudestrahlend (vor Freude strahlend)

14 **Bilde Verbindungen aus Nomen (Substantiv) + Adjektiv.**

7./8. Kl.

1. hoch wie ein Haus: ______
2. alt wie ein Stein: ______
3. kalt wie Eis: ______
4. warm wie eine Hand: ______
5. weich wie Butter: ______
6. klar wie Glas: ______
7. rot wie Feuer: ______
8. schön wie ein Wunder: ______
9. hart wie ein Stein: ______
10. steif wie ein Stock: ______
11. trocken wie Staub: ______
12. schnell wie ein Pfeil: ______
13. weich wie Seide: ______

15 **Unterstreiche das Nomen innerhalb der Verbindung. Löse sie dann auf, indem du die Wortgruppe in dein Heft schreibst, die verkürzt worden ist.**

7./8. Kl.

1. angsterfüllt
2. drogenabhängig
3. siegessicher
4. geldgierig
5. herzzerreißend
6. keimfrei
7. lebenswichtig
8. fingerbreit
9. hilfsbedürftig
10. punktgenau
11. erfolgsverwöhnt
12. luftgeschützt

 ► Lösungsheft S. 8–9

16 **Verkürze die Wortgruppen, indem du Verbindungen bildest.**

7./8. Kl.

1. ein Pony mit langer Mähne: ein langmähniges Pony
2. ein Hund mit kurzen Beinen: ______________________
3. ein Gesang mit schwacher Brust: ______________________
4. ein Mann mit hartem Herzen: ______________________
5. eine Kritik mit scharfer Zunge: ______________________
6. zum letzten Mal im Angebot: ______________________
7. eine Straße mit vier Spuren: ______________________
8. ein Satz über mehrere Zeilen: ______________________

Adjektivisch gebrauchte Partizipien

Wenn der zweite Bestandteil einer Verbindung ein Partizip ist, das wie ein Adjektiv gebraucht wird, kannst du entweder getrennt oder zusammenschreiben:
eine gut aussehende Sängerin/eine gutaussehende Sängerin
ein schlecht gelaunter Gitarrist/ein schlechtgelaunter Gitarrist

Ist diese Verbindung jedoch **erweitert oder gesteigert**, musst du genau auf den Zusammenhang achten:

- Die Verbindung wird zusammengeschrieben, wenn sie **als Ganzes** erweitert oder gesteigert ist:
  der bestgelaunte Musiker
- Die Verbindung wird getrennt geschrieben, wenn nur der **erste Bestandteil** erweitert oder gesteigert ist:
  ein besonders gut gelaunter Schlagzeuger

17 **Buchstabenschlange: Schreibe die Sätze richtig in dein Heft.**

7./8. Kl.

1. LauttosendeFansgabesindererstenHalbzeitnicht.
2. NurdasaufsehenerregendeTorinderletztenMinutewarsehenswert.
3. DerTrainergabdenSpielerninderPausegutgemeinteRatschläge.
4. ZumGlückhattediesweitreichendeAuswirkungen.
5. InderzweitenHalbzeitwarendiehochbezahltenSpielerihrGeldwert.

► Lösungsheft S. 9

18 9./10. Kl.

Ist auch eine andere Schreibung möglich? Kreuze an. Wenn du „Ja“ angekreuzt hast, gib die zusammengeschriebene Variante an. Hast du dich für „Nein“ entschieden, begründe dies stichwortartig.

		Ja	Nein
1.	die Aufsicht führenden Lehrer ____________________	☐	☐
2.	eine Fleisch fressende Pflanze ____________________	☐	☐
3.	das Eier legende Federvieh ____________________	☐	☐
4.	zwei weich gekochte Eier ____________________	☐	☐
5.	ein prall gefüllter Sack ____________________	☐	☐
6.	die Strom sparenden Geräte ____________________	☐	☐
7.	ein erst spät vollendeter Bau ____________________	☐	☐
8.	alle Laub abwerfenden Bäume ____________________	☐	☐
9.	ein besonders fest geschnürter Schuh ____________________	☐	☐
10.	das nur leicht verletzte Kind ____________________	☐	☐
11.	ein völlig neu gestalteter Laden ____________________	☐	☐
12.	eine fest angestellte Mitarbeiterin ____________________	☐	☐

 ► Lösungsheft S. 9

3 Verbindungen mit Nomen

Zusammengesetzte Nomen (Substantive)

Zusammengesetzte Nomen (Substantive) werden zusammengeschrieben:
Holzhaus, Laufband, Altpapier, Vorderpfote

19 5./6. Kl. **Bilde zusammengesetzte Nomen (Substantive): Nimm dazu aus jeder Spalte ein Wort.**

Gummi	Angst	
hinten	Anschaffung	
Höhe	Bahn	
fix	Buch	
innen	Eingang	
kneifen	Ersatz	
Konsole	Erweiterung	
leicht	Gewicht	
mit	Inserat	
neu	Leiter	
Ort	Mode	
Ost	Ring	
Reise	Schild	
rennen	Schülerin	
schreiben	Seite	
schwer	Spiel	
Sommer	Stern	
Tage	Tisch	
Zahn	Verbrecher	
Zeitung	Zange	

▶ Lösungsheft S. 9

20 5./6. Kl.

Prüfe die Rechtschreibung der zusammengesetzten Nomen (Substantive) und verbessere sie, wenn nötig. Überlege dazu, in welche Bestandteile du die Verbindung zerlegen kannst. Schlage im Wörterbuch nach, wenn du unsicher bist.

Urzeiger	__________	Unteredung	__________
Misstand	__________	Klassenabeit	__________
Wegweißer	__________	Namentag	__________
Essbestek	__________	Sehreise	__________
Bankonto	__________	Ausfart	__________
Grosmacht	__________	Meisteleistung	__________

Zusammensetzungen mit Zahlen

- Nomen (Substantive), die mit einer vorangehenden Ableitung von **Grundzahlen auf *-er*** verbunden sind, werden zusammengeschrieben:
  die Zehnerkarte, die Achterbahn
- Verbindungen mit dem Wort ***Jahr*** kannst du zusammen- oder getrennt schreiben:
  die Fünfzigerjahre/die fünfziger Jahre
- Stehen vor einer Maßangabe Bruchzahlen mit der Endung ***-tel*** oder ***-stel,*** kannst du entweder groß- und zusammenschreiben oder klein- und getrennt:
  ein Viertelliter/ein viertel Liter
  eine Hundertstelsekunde/eine hundertstel Sekunde

21 7./8. Kl.

Bilde aus den Vorgaben zusammengesetzte Nomen (Substantive), die Ableitungen auf *-er* enthalten.

1 + Kajak: ____________________

3 + Sitz: ____________________

2 + Reihe: ____________________

4 + Kette: ____________________

6 + Pack: ____________________

 ► Lösungsheft S. 9

70 + Jahre: ______________________

100 + Packung: ______________________

500 + Schein: ______________________

22 7./8. Kl. **Notiere zu den Maßangaben jeweils beide möglichen Schreibungen.**

EINEVIERTELSTUNDE: ______________________

EINACHTELLITER: ______________________

EINEZEHNTELSEKUNDE: ______________________

EINHUNDERTSTELGRAMM: ______________________

EINZWANZIGSTELMETER: ______________________

23 9./10. Kl. **Schreibe das Rezept für Nussmilch in der korrekten Schreibung auf. Achte darauf, dass die Maßangaben einheitlich geschrieben sind. Tipp: Wenn du das Rezept einmal ausprobieren möchtest, solltest du die Mengen vorher umrechnen.**

rühreeinenviertelliterkaltemilchmiteinemhundertstelkilokakaopulveran.
Schäleeinekleinebananeundpüriere davoneinzwanzigstelkilo.
Mischediebananenmasseindenkakaoundrühreeindreißigstelkilo gemahlenerhaselnüsseunter.
Süßedasgetränk, etwamiteinemzweihundertstelkilohonig.

Geografische Angaben auf *-er*

- Von vielen **geografischen Eigennamen** kann man Ableitungen auf *-er* bilden. In der Regel wird die Ableitung auf *-er* groß- und getrennt von dem folgenden Nomen (Substantiv) geschrieben:
  ein Schweizer Käse (ein Käse aus der Schweiz)
- Beachte jedoch: Wenn es sich nicht um eine Ableitung handelt, sondern um einen auf *-er* endenden **Orts-, Völker- oder Personennamen,** wird die Verbindung zusammengeschrieben:
  die Schweizergarde (aus Schweizern bestehende Garde des Papstes)

24 **Füge die geografischen Angaben in der richtigen Schreibung ein.**

9./10. Kl.

1. BERLINERRINGBAHN: Wir fahren zuerst mit der ______________________.
2. SCHÖNHAUSERALLEE: An der ______________________ steigen wir aus.
3. ORANIENBURGERSTRASSE: Dann geht es mit der Straßenbahn weiter zur ______________________.
4. ALEXANDERPLATZ: Von dort laufen wir gemütlich zum ______________________.
5. BRANDENBURGERTOR: Wir könnten anschließend einen Bus in Richtung ______________________ nehmen.
6. BERLINERDOM: So kommen wir auch am beeindruckenden ______________________ vorbei.
7. WIENERKAFFEEHAUS: Danach suchen wir uns ein schönes ______________________.
8. SACHERTORTE: Ich hätte nämlich Lust auf ein leckeres Stück ______________________.
9. POTSDAMERSCHLOSSPARK: Morgen könnten wir im ______________________ spazieren gehen.

 ► Lösungsheft S. 10

Nominalisierte (substantivierte) Wortgruppen

- Verben kannst du wie die Wörter anderer Wortarten in **Nomen** (Substantive) umwandeln (↑ S. 68):
  wischen → das Wischen
- Auch Wortgruppen mit einem Verb im Infinitiv (in der Grundform) kannst du im Ganzen zu einem Nomen machen (d. h. nominalisieren / substantivieren, ↑ auch S. 70). Dieses mehrteilige Nomen wird dann **zusammengeschrieben:**
  Tafel wischen → das Tafelwischen
  sauber wischen → beim Sauberwischen
- Bei **umfangreicheren** nominalisierten (substantivierten) Wortgruppen mit Infinitiv musst du **Bindestriche** setzen (↑ auch S. 61):
  die Tafel mit dem Schwamm wischen → beim Tafel-mit-dem-Schwamm-Wischen

25 7./8. Kl. **Worauf freuen sich die Schüler und Schülerinnen am meisten, wenn es wieder Winter wird? Bilde nominalisierte (substantivierte) Wortgruppen wie im Beispiel.**

1. Plätzchen backen – 2. Schnee schippen – 3. Schlitten fahren – 4. Schneeball werfen – 5. Kerzen ziehen – 6. Christbaum schmücken – 7. Schlittschuh laufen – 8. Wunschzettel schreiben – 9. Bratapfel essen

1. Lena freut sich am meisten aufs Plätzchenbacken.
2. Timo freut sich besonders ____________________
3. Kenan ____________________
4. Mara ____________________
5. Helen ____________________
6. Paul ____________________
7. Sina ____________________
8. Yannik ____________________
9. Jule ____________________

► Lösungsheft S. 10

26 9./10. Kl.

Formuliere die Sätze um, indem du die unterstrichenen Wortgruppen nominalisierst (substantivierst).

1. Wenn wir Serpentinen fahren, wird meinem Bruder immer schlecht.

   Beim Serpentinenfahren wird meinem Bruder immer schlecht.

2. Ich habe gerade Fahrrad geputzt, als der Schwamm in den Gully fiel.

3. Du bist mit dem Skateboard gefahren und gestürzt.

4. Der Knopf ist abgefallen, als er das Hemd auszog.

5. Sie verkleckerten ihre Kleidung, als sie Spaghetti aßen.

6. Als ich den Klingelton herunterlud, ist die Verbindung abgebrochen.

7. Nimm das Feuerzeug, um die Kerzen anzuzünden.

8. Es kostete sie viel Überwindung, Mathe zu lernen.

 ► Lösungsheft S. 10

C Übungen zur Schreibung mit Bindestrich

1 Ziffern, Einzelbuchstaben und Abkürzungen

Allgemeines

- Zusammensetzungen und Ableitungen mit **einzelnen Buchstaben, Abkürzungen und Ziffern** schreibt man mit Bindestrich:
  s-förmig, der i-Punkt, das Dehnungs-h
  die S-Bahn, der DSL-Anschluss, die Fußball-WM
  3-zeilig, der 14-Jährige, ein 2:0-Sieg
- Steht nach einer Abkürzung oder einer Ziffer jedoch nur ein **Suffix** (eine Endung), wird dieses ohne Bindestrich angefügt.
  ein SPDler, ein 68er, ein 50stel, 90%ig
  Beachte, dass diese Regel nicht für Einzelbuchstaben gilt:
  zum x-ten Mal

1 7./8. Kl. **Suche in dem Buchstabengitter senkrecht und waagrecht zehn Wörter, die Einzelbuchstaben, Ziffern oder Abkürzungen enthalten. Schreibe sie auf und setze die fehlenden Bindestriche.**

1	0	0	%	I	G	X	W	Y	K
4	Q	Ö	X	M	A	L	I	G	L
U	6	M	P	3	D	A	T	E	I
S	E	1	:	0	S	I	E	G	1
B	C	D	B	R	E	N	N	E	R
S	K	Ä	M	Y	C	%	P	M	W
T	B	Z	O	5	Z	Ü	Q	Y	A
I	N	N	L	K	W	M	A	U	T
C	M	E	L	P	A	S	E	I	V
K	Ä	8	T	E	L	I	T	Z	O

► Lösungsheft S. 10

Mehrgliedrige Zusammensetzungen

Ein Bindestrich steht zwischen allen Bestandteilen einer mehrgliedrigen Zusammensetzung mit einzelnen Buchstaben, Abkürzungen oder Ziffern:
die s-Laut-Schreibung, die C-Dur-Tonleiter
der S-Bahn-Fahrer, das Musik-CD-Regal
die 3-Zimmer-Wohnung, der 1000-m-Lauf

2 7./8. Kl.

Hier fehlen einige Bindestriche. Schreibe die Zusammensetzungen korrekt auf.

1. VITAMINC-HALTIG ____________________
2. 40-STUNDENWOCHE ____________________
3. HANDBALL-WMQUALIFIKATION ____________________
4. 100KM-STAFFELLAUF ____________________
5. UBAHN-STATION ____________________
6. DVDVERLEIH-CHARTS ____________________
7. 750-JAHRFEIER ____________________
8. YACHSEN-BESCHRIFTUNG ____________________

3 7./8. Kl.

Schreibe die folgenden Sätze als Laufdiktat. Lege dazu das Buch in einer Entfernung von mehreren Schritten von deinem Schreibplatz ab (etwa im Zimmer nebenan). Lies jeweils einen Satz und merke ihn dir. Gehe zu deinem Heft und schreibe den Satz aus dem Gedächtnis auf.

1. Der 10-Punkte-Plan wurde von allen befürwortet.
2. Wir suchen eine helle 5-Zimmer-Wohnung im Zentrum.
3. Ich benötige noch eine ICE-Fahrplan-Auskunft.
4. Die 100 000-Einwohner-Marke wurde in diesem Jahr überschritten.
5. Das Pflegepersonal arbeitet im 3-Schicht-Betrieb.
6. Die S-Bahn-Stationen sind der Öffentlichkeit nachts zwischen zwei und vier Uhr nicht zugänglich.
7. Für die Erhöhung der Hartz-IV-Kindersätze sprachen sich nicht alle Parteimitglieder aus.
8. Die CO_2-Emissionen müssen deutlich zurückgehen.

 ► Lösungsheft S. 10

2 Unübersichtliche Zusammensetzungen

Gliederung und Verbesserung der Lesbarkeit

- Zusammensetzungen, die durch das Aneinanderkoppeln von Wortgruppen entstanden sind, werden mit Bindestrichen gegliedert:
  eine Kur für Mutter und Kind → eine Mutter-und-Kind-Kur
- Längere Verbverbindungen, die nominalisiert (substantiviert/zu einem Nomen gemacht) sind, müssen mit Bindestrichen gegliedert werden (↑ S. 70):
  zum Aus-der-Haut-Fahren
- Unübersichtliche Zusammensetzungen kannst du mit Bindestrich gliedern, damit sie leichter lesbar sind:
  die Schuluniformbefürworter/Schuluniform-Befürworter
- Auch bei Nomen (Substantiven), die aus Fremdwörtern zusammengesetzt sind, kann ein Bindestrich die Lesbarkeit verbessern:
  ein Fulltimejob/Fulltime-Job

4 7./8. Kl. **Verbessere die Lesbarkeit der aus Fremdwörtern zusammengesetzten Nomen (Substantive). Schlage im Wörterbuch nach, wenn du das Wort nicht kennst.**

1. Bungeejumping → ______________________
2. Sciencefictionfilm → ______________________
3. Paybackkarte → ______________________
4. Flatrateparty → ______________________

5 9./10. Kl. **Bilde anhand der Vorgaben Zusammensetzungen mit Bindestrich.**

1. Abteil in der ersten Klasse: ______________________
2. Beziehung zwischen Vater und Sohn: ______________________
3. Beatmung von Mund zu Mund: ______________________
4. Arzt für Hals, Nase und Ohren: ______________________
5. Erfinder des World Wide Web: ______________________
6. Sieger der Tour de France: ______________________

► Lösungsheft S. 10

6 9./10. Kl. **Unterstreiche unübersichtliche Zusammensetzungen und streiche fehlerhaft geschriebene Verbindungen durch. Schreibe sie mit Bindestrichen gegliedert auf.**

1. Alle Schüler haben am Erstehilfelehrgang teilgenommen.

   ____

2. Erst vor Kurzem wurde die Mehrzweckhallenbeleuchtung erneuert.

   ____

3. Am Sonntagnachmittag kommen manchmal Schwarzweißfilme.

   ____

4. Das Rheinmaingebiet ist eine bedeutende Wirtschaftsregion.

   ____

5. Wir gehen heute zur Schnäppchenjagd ins Designeroutlet.

   ____

6. Unterhaltungselektronikfachmärkte sprießen wie Pilze aus dem Boden.

   ____

7. Er möchte einen Nonstopflug nach Kapstadt buchen.

   ____

7 9./10. Kl. **Füge jeweils die angegebene Wortgruppe in Form einer nominalisierten (substantivierten) Verbindung in die Lücke ein.**

1. sich vor den Hausaufgaben drücken: Jetzt ist Schluss mit eurem ewigen Sich-______________________________!
2. auf die anderen schimpfen: Das pausenlose ______________________________ ihrer Nachbarin ging ihr auf die Nerven.
3. nach Komplimenten fischen: Beim ______________________________ hat er immer wieder seine Fehler betont.
4. um den heißen Brei herumreden: Das erneute ______________________________ brachte ihr viel Kritik ein.

 ► Lösungsheft S. 10

3 Zusammensetzungen mit Eigennamen

Eigennamen

Mit Eigennamen kann man **Zusammensetzungen** bilden.

- Steht ein einfacher Name an erster Stelle, **kannst** du einen Bindestrich setzen, um den Namen hervorzuheben:
  ein Goethezitat/Goethe-Zitat
  der Donauzufluss/Donau-Zufluss
- Steht ein einfacher Name an zweiter Stelle oder besteht die Zusammensetzung aus zwei Namen, **musst** du einen Bindestrich setzen:
  der Foto-Meier, Frau Leutheusser-Schnarrenberger
- Besteht die Zusammensetzung aus mehrteiligen Eigennamen, **musst** du zwischen alle Bestandteile einen Bindestrich setzen:
  das Anne-Frank-Haus, der Kaiser-Wilhelm-Platz, die Oder-Neiße-Linie

8 9./10. Kl. **Unterstreiche alle Zusammensetzungen mit Eigennamen. Lass dir den Text anschließend von jemandem diktieren.**

Verbrechen, ihre Ursachen und ihre Aufklärung sind ein Dauerbrenner in der Literatur, man denke nur an die Kain-und-Abel-Erzählung. Bereits in der Antike thematisierte Sophokles in der Ödipus-Tragödie haarsträubende kriminelle Handlungen. Als Begründer der Gattung des Detektivromans gilt Edgar Allen Poe mit seinen Auguste-Dupin-Geschichten, die ab 1841 veröffentlicht wurden. Knapp fünfzig Jahre später erschienen die ersten Sherlock-Holmes-Fälle von Sir Arthur Conan Doyle, die nicht nur von Erwachsenen verschlungen wurden. Auch die Astrid-Lindgren-Figur Kalle Blomquist, ein 13-jähriger Junge, ist ein leidenschaftlicher Sherlock-Holmes-Fan. Zusammen mit seinen Freunden Anders und Eva-Lotta löst Kalle drei spannende Fälle. Bei jungen Lesern nach wie vor beliebt ist der Berlin-Krimi „Emil und die Detektive“ – ein Erich-Kästner-Roman, der, wie auch andere Geschichten des Autors, mehrfach verfilmt wurde.

► Lösungsheft S. 10–11

D Übungen zur Groß- und Kleinschreibung

1 Satzanfänge und Überschriften

Satzanfänge, Überschriften und Briefanreden

- Das **erste Wort eines Satzes** wird großgeschrieben:
  Heute gehen wir ins Kino.
- Das erste Wort einer **Überschrift** und eines **Titels** schreibt man groß:
  Erste Festnahmen im Wettskandal
  Hast du schon „Absolut besessen“ gelesen?
- Das erste Wort der **Anrede in einem Brief** schreibt man groß. Setzt du nach der Anrede ein Komma, schreibst du anschließend klein weiter. Du kannst die Anrede auch mit einem Ausrufezeichen abschließen, dann beginnt der folgende Satz mit einem Großbuchstaben.

Liebe Frau Meier,	*Hallo, Lukas!*
vielen Dank für die Fotos …	*Die Fotos sind angekommen …*

1 5./6. Kl. **Schreibe den Text in der richtigen Groß- und Kleinschreibung in dein Heft.**

WER WAR ALBERT SCHWEITZER?
IM MITTELPUNKT DES LEBENS VON ALBERT SCHWEITZER STAND SEINE ARBEIT ALS MISSIONSARZT. ER GRÜNDETE 1913 EIN URWALD-KRANKENHAUS IN GABUN. DURCH ORGELKONZERTE, VORTRÄGE UND SPENDENAKTIONEN STELLTE ER DIE FINANZIERUNG SICHER. SEIN DENKEN UND HANDELN WAR VON DER „EHRFURCHT VOR DEM LEBEN“ GEPRÄGT. ENTSCHIEDEN KÄMPFTE ER GEGEN DIE ATOMARE RÜSTUNG. ALS BEDEUTENDSTE AUSZEICHNUNG ERHIELT ER IM JAHRE 1952 DEN FRIEDENSNOBELPREIS.

2 5./6. Kl. **Formuliere mit den Vorgaben kurze Texte für Urlaubspostkarten in deinem Heft. Die fehlenden Namen usw. kannst du selbst ergänzen.**

1. herzliche Grüße – liebe – von der Zugspitze – sendet Dir
2. nach fünf herrlichen Tagen – sehr geehrter Herr – mit besten Grüßen – vielen Dank für den Hoteltipp – treten wir heute die Heimreise an

 ▸ Lösungsheft S. 11

Die Schreibung nach Doppelpunkt

- Folgt nach einem Doppelpunkt ein **vollständiger Satz,** schreibst du das erste Wort in der Regel groß:
  *Morgen beginnt der Skikurs: **Um** 9 Uhr treffen wir uns am Sessellift.*
- Folgt nach einem Doppelpunkt **kein selbstständiger Satz,** sondern z. B. eine Aufzählung, schreibst du das erste Wort klein:
  *Morgen treffen wir uns zum Skikurs: **um** 9 Uhr am Sessellift.*
- Wenn statt des Doppelpunktes ebenso ein Gedankenstrich oder ein Komma stehen könnte, darf auch ein vollständiger Satz nach einem Doppelpunkt klein beginnen:
  *Die Jacke, die Hose, die Stiefel: **Alles/alles** war durchnässt.*
- Das erste Wort einer **direkten Rede** nach dem Doppelpunkt schreibst du immer groß:
  *Sie fragte ihn: „**Magst** du ein Stück Pizza?“*
  *Er antwortete: „**Ja**, gern!“*

3 5./6. Kl.

Groß oder klein nach dem Doppelpunkt? Prüfe, ob der Satz selbstständig ist, und kreuze entsprechend an. Streiche jeweils die falsche Schreibung durch. Bei einem Satz sind beide Schreibungen richtig.

Selbstständiger Satz nach Doppelpunkt?	Ja	Nein
1. Ich habe mitgebracht: meine / Meine Konsole, zwei Spiele und natürlich das Ladegerät.	☐	☐
2. Wir bitten um Ihre Aufmerksamkeit: die / Die Eltern des kleinen Leo werden gebeten, ihr Kind an der Kundeninformation abzuholen.	☐	☐
3. An der Tafel steht: morgen / Morgen fällt Sport aus.	☐	☐
4. Was sollte er denn deiner Meinung nach tun: teilnehmen / Teilnehmen oder absagen?	☐	☐
5. Du hast mich überzeugt: wir / Wir besuchen das Konzert gemeinsam.	☐	☐
6. Mathematik: befriedigend / Befriedigend.	☐	☐

► Lösungsheft S. 11

4 5./6. Kl.

Setze in den folgenden Sätzen den fehlenden Doppelpunkt an der passenden Stelle und schreibe den ganzen Satz richtig auf.

1. Es war einfach perfekt das Wetter, die Stimmung, das Essen.

____

____

2. Ein Satz, den viele schon zigmal gehört haben, lautet es ist doch nur zu deinem Besten!

____

____

3. Sie müssen sich beeilen der Bus fährt in zwei Minuten ab.

____

____

5 5./6. Kl.

Markiere die Fehler und schreibe die Sätze in der richtigen Groß- und Kleinschreibung auf.

1. sie riefen: „wo seid ihr?“ ____________________
2. er staunte: „unglaublich!“ ____________________
3. sie sagte nur: „ich gehe.“ ____________________
4. ich schrie: „nein, niemals!“ ____________________

6 5./6. Kl.

Forme die Sätze um: Schreibe die direkte Rede auf.

1. Leon fragt, ob Timo heute auch kommt.

   Leon fragt: „ ____________________

2. Sie behaupteten, dass wir Angst vor ihnen hätten.

   ____

3. Wir vermuteten, dass das Schloss nur klemmte.

   ____

 ► Lösungsheft S. 11

2 Nomen und Nominalisierungen

Eigentliche Nomen (Substantive)

- Nomen (Substantive) werden **großgeschrieben.** Du erkennst sie häufig daran, dass ihnen ein Artikel vorausgeht oder du einen davorstellen könntest. Auch Nachsilben wie *-heit, -keit, -ung, -nis, -schaft, -tum, -ling* oder *-sal* sind eindeutige Merkmale eines Nomens.
  *Das **Besteck** lag neben dem **Teller.***
  *Bei **Dunkelheit** sind alle **Katzen** schwarz.*
- Nomen, die Teil einer festen Wortverbindung sind, werden ebenfalls großgeschrieben:
  jemandem Bescheid geben, etwas in Betracht ziehen, Folge leisten, jemandem zu Hilfe kommen, für etwas Sorge tragen, Angst bekommen

7 5./6. Kl.

Unterstreiche alle Nomen (Substantive) und notiere sie im Nominativ Singular (1. Fall Einzahl) mit dem bestimmten Artikel auf den Linien am Rand. Schreibe den Text anschließend in der richtigen Groß- und Kleinschreibung in dein Heft.

alte gewohnheit ______
obwohl der briefmarkt schon vor zwei ______
jahren vollständig geöffnet wurde, ______
befördert noch immer die post die ______
meisten sendungen. der anteil der ______
anderen dienstleister liegt bei ______
lediglich zehn prozent. es handelt ______
sich dabei überwiegend um kleinere ______
wettbewerber, die zum teil sogar ______
schneller und günstiger sind. doch ______
der mensch ist offenbar ein gewohn- ______
heitstier und freundet sich mit den ______
neuen anbietern nur zögerlich an. ______

► Lösungsheft S. 11

8 **Bilde mithilfe von Nachsilben Nomen (Substantive).**

5./6. Kl.

ergeben	→	__________	rinnen	→	__________
unendlich	→	__________	gefangen	→	__________
halten	→	__________	lehren	→	__________
reich	→	__________	frei	→	__________
gleich	→	__________	befreien	→	__________

Nominalisierte (substantivierte) Verben

Ein Verb kannst du auch wie ein Nomen (Substantiv) gebrauchen, man nennt dies Nominalisierung (Substantivierung). Nominalisierte Verben werden **großgeschrieben.**

- Häufig erkennst du sie daran, dass ihnen ein Artikel (*das, dem, ein, dieses* usw.), ein Pronomen (*dein, ihr, meine* usw.), eine Präposition (*in, mit, für* usw.) oder eine Verbindung von Präposition und Artikel (*am, beim, im, zum* usw.) vorausgeht:
  *Das **Üben** bringt dich weiter.*
  *Sein **Lachen** steckte alle an.*
  *Das Boot geriet ins **Wanken.***
- Auch wenn du in dem Satz einen Artikel voranstellen könntest, ist dies ein Hinweis auf eine Nominalisierung:
  *Auf dem See sind **Segeln** und **Surfen** (= das Segeln und das Surfen) nicht gestattet.*

9 **Unterstreiche alle nominalisierten (substantivierten) Verben und die Wörter (Artikel usw.), die die Nominalisierung kennzeichnen.**

5./6. Kl.

Das Aufräumen gehört nicht gerade zu meinen Lieblingsbeschäftigungen. Für mich gehört das Suchen deshalb zum Alltag. Neulich ist beim Anziehen ein Knopf von meiner Hose abgegangen. Irgendwann finde ich ihn schon, dann nähe ich ihn vielleicht wieder an. Zum Glück regt sich meine Mutter über das Fehlen eines Knopfes nicht mehr auf. Sie weiß, dass alles Bitten und Flehen nicht hilft, ich verabscheue das Ordnen und

 ► Lösungsheft S. 11–12

Wegräumen zu sehr. Mir macht das Kramen und Stöbern nichts aus, im Gegenteil: Beim Entdecken verschollen geglaubter Dinge gerate ich regelmäßig ins Schwärmen. Die Klamotten werfe ich nach dem Ausziehen meistens auf einen Haufen neben dem Schrank, wo sie sich dann einige Wochen stapeln. Wenn das Öffnen meiner Zimmertür nicht mehr ohne Weiteres geht, sondern nur noch durch kräftiges Drücken möglich ist, das bringt meine Mutter doch zum Rasen. Ihr Schimpfen und Drohen schallt dann durchs ganze Haus. Mein Bruder kann sich in solchen Momenten sein freches Grinsen nicht mehr verkneifen, manchmal bricht er sogar in lautes Lachen aus. Das Spielen mit meiner Konsole kann er sich in dem Fall für ein paar Tage abschminken.

10 5./6. Kl. **Wähle für jede Lücke ein passendes Verb aus dem Wortspeicher und füge es in nominalisierter (substantivierter) Form ein.**

raunen – schwimmen – zittern – schwitzen – flüstern – reinigen – tanzen – handeln – abstellen – klirren – schnarchen

1. Es war nur ein leises ____________________ zu hören.
2. Beim ____________________ hatten alle riesigen Spaß.
3. Mit einem lauten ____________________ zerbrach das Glas.
4. Sie gerieten beim Endspiel ganz schön ins ____________________.
5. Durch schnelles ____________________ wurde ein Brand vermieden.
6. Nach dem Sturz ging ein ____________________ durch die Menge.
7. Ich spürte das ____________________ ihrer Hände.
8. Sein ____________________ raubte allen den Schlaf.
9. Ziehen Sie vor dem ____________________ unbedingt den Stecker.
10. Sie hat eine Vorliebe fürs ____________________.
11. Zum ____________________ der Fahrräder gibt es einen Schuppen.

► Lösungsheft S. 12

11 5./6. Kl.

Groß oder klein? Entscheide, ob es sich um eine Nominalisierung (Substantivierung) oder um den Infinitiv (die Grundform) des Verbs handelt, und setze den fehlenden Buchstaben ein.

1. Obwohl das __üttern der Vögel zu ihren Aufgaben gehörte, vergaß sie gelegentlich, sie zu __üttern.
2. Am besten gefiel es uns, am Bach zu __pielen. Dort gab es viele Steine und Äste, die wir zum __pielen benutzen konnten.
3. Vom vielen __oben waren wir schon ganz heiser, aber wir wollten trotzdem nicht aufhören zu __oben.
4. Es gelang ihr gerade noch, ans Ufer zu __chwimmen, doch ihre Brille hatte sie beim __chwimmen verloren.

Nominalisierte (substantivierte) Verbindungen mit Verben

- Verbindungen mit einem Verb im Infinitiv (in der Grundform) kannst du **als Ganzes zu einem Nomen** (Substantiv) machen. Nominalisierte (substantivierte) Verbindungen schreibst du **groß und zusammen:**
  Handstand üben → beim Handstandüben
  Briefe schreiben → das Briefeschreiben
- Wird die nominalisierte Verbindung unübersichtlich, musst du **Bindestriche** zwischen die einzelnen Bestandteile setzen (↑ auch S. 61):
  den Zettel in den Ärmel schieben → beim Zettel-in-den-Ärmel-Schieben

12 7./8. Kl.

Mache aus den folgenden Verbindungen Nomen (Substantive).

1. Fußball spielen → sich zum ____________________ treffen
2. Spaghetti essen → beim ____________________ kleckern
3. schlafen gehen → sich vor dem ____________________ waschen
4. Koffer packen → beim ____________________ zusehen
5. Musik hören → beim ____________________ einschlafen
6. Wecker stellen → das ____________________ vergessen
7. erwachsen werden → übers ____________________ reden

 ▸ Lösungsheft S. 12

8. Fahrrad fahren → beim ______________________ stürzen
9. Zwiebel schneiden → das ______________________ verabscheuen
10. Rasen mähen → beim ______________________ helfen
11. Zähne putzen → nach dem ______________________ schlafen
12. Geschirr spülen → sich vor dem ______________________ drücken
13. allein sein → das ______________________ genießen

13 7./8. Kl. **Füge die Verbindungen in nominalisierter (substantivierter) Form ein.**

Man soll vor dem ______________________ (Hausaufgaben + machen) den Hefteintrag lesen und das ______________________ (Musik + ausschalten) nicht vergessen, beim ______________________ (Vokabel + lernen) umherlaufen, zum ______________________ (besser + werden) täglich üben und dabei das ______________________ (Pausen + machen) nicht zu sehr ausdehnen, als Lernmethode doch einmal das ______________________ (Spickzettel + anfertigen) ausprobieren, in Prüfungen aber das ______________________ (Spickzettel + gebrauchen) unterlassen, beim ______________________ (Diktat + schreiben) genau hinhören und Fehler durch gründliches ______________________ (Korrektur + lesen) vermeiden, die Hände beim ______________________ (Referat + halten) nicht in die Hosentaschen stecken, unbedingt das ______________________ (Computer + spielen) reduzieren und sich stattdessen mehr Zeit fürs ______________________ (Bücher + lesen) nehmen und natürlich stets lächeln, sei es beim ______________________ (Textaufgaben + lösen), beim ______________________ (Klavier + üben) oder beim ______________________ (Nase + bohren).

► Lösungsheft S. 12

LERNSPIEL

7./8. Kl.

Verrückte Rekorde

Ab 2 Spielern
Ihr braucht: Haftnotizzettel, Stifte

Bei diesem Spiel geht es darum, sich verrückte Rekorde auszudenken und zu erraten. Bildet dazu Teams mit etwa 4 Mitspielern. (Es geht auch zu zweit, wenn ihr nicht mehr seid.) Legt selbstklebende Notizzettel und Stifte bereit.

Denkt euch nun für euren rechten Nachbarn einen möglichst lustigen oder verrückten Rekord aus, den dieser aufstellen will. Der Form nach muss dieser Rekord eine nominalisierte (substantivierte) Verbindung mit einem Verb sein.

Beispiel:

Schreibt ihn auf einen Notizzettel und klebt diesen auf die Stirn des Mitspielers, für den ihr den Rekord ausgesucht habt.
Tipp: Achtet darauf, dass derjenige das Wort weder beim Aufschreiben noch beim Befestigen sehen kann.

Wenn jeder einen Zettel auf der Stirn hat, versucht ihr durch Fragen herauszufinden, welcher Rekord auf eurer Stirn steht. Die Fragen müssen so gestellt werden, dass sie von den anderen Spielern mit Ja oder Nein beantwortet werden können. Zum Beispiel:
„Hat es etwas mit Essen zu tun?“
„Kann ich das besonders schnell?“
Jeder darf so lange Fragen stellen, wie er die Antwort Ja erhält. Bei Nein ist der nächste Spieler an der Reihe. Wer findet seinen verrückten Rekord zuerst heraus?

Tragt abschließend eure Rekordversuche der ganzen Gruppe vor:
„Ich will den Rekord im Schneckenhypnotisieren aufstellen!“
Entscheidet gemeinsam: Welcher Rekord ist der verrückteste oder lustigste?

14 9./10. Kl.

Schreibe die groß gedruckten Verbindungen in der richtigen Form und mit Begleiter (Artikel, Präposition usw.) in dein Heft.

1. Um bessere Noten zu schreiben, finde ich auch das FEHLER + AUSWERTEN wichtig, also das SICH + BEWUSST + WERDEN, wo es überhaupt Probleme gibt.
2. Vor Kurzem bestand mein Hauptproblem im ZU + LANGSAM + SEIN: Mit mehr Übung gelang mir jedoch das SCHNELLER + WERDEN.
3. Beim AUSWENDIG + LERNEN ist es für mich oft hilfreich, wenn ich mir selbst Eselsbrücken ausdenke.
4. Das AM + COMPUTER + SPIELEN habe ich zeitlich ganz gut im Griff: Es gehört bei mir zum SICH + FÜRS + LERNEN + BELOHNEN.
5. Zum WEITER + SPIELEN muss ich immer erst die nächste Lernetappe erledigen.

Nominalisierte (substantivierte) Adjektive und Partizipien

Wird ein Adjektiv oder ein Partizip wie ein Nomen (Substantiv) gebraucht, musst du es großschreiben. Nominalisierte (substantivierte) Adjektive und Partizipien erkennst du z. B. daran, dass ihnen

- ein Artikel vorausgeht oder du einen Artikel davorstellen könntest:
  *Der **Letzte** wischt die Tafel.*
  *Das **Geschriebene** war kaum lesbar.*
  *Ich muss den Text noch ins (= in das) **Reine** schreiben.*
- eine unbestimmte Mengenangabe wie *etwas, nichts, viel, alles, wenig, genug, manches* usw. vorausgeht:
  *Plötzlich geschah etwas **Unglaubliches.***
  *Es gibt nur wenig **Spannendes** zu erzählen.*

15 7./8. Kl.

Forme die Sätze um: Setze für die unterstrichenen Nebensätze nominalisierte (substantivierte) Adjektive oder Partizipien ein.

1. Im Kino zeigten sie nur wenig, <u>was lustig war</u>.
2. Alles, <u>was neu war</u>, interessierte uns sehr.
3. Wir haben uns etwas angesehen, <u>das wirklich aufregend war</u>.
4. Im Film geschah manches, <u>das sehr unheimlich war</u>.
5. Doch das, <u>was am schaurigsten war</u>, war das Ende des Films.

► Lösungsheft S. 12

16 7./8. Kl.

Groß oder klein? Prüfe, ob das Adjektiv bzw. das Partizip nominalisiert (substantiviert) ist, und streiche jeweils die falsche Schreibung durch.

1. Das beste / Beste an unserem Gedächtnis ist, dass das schlechte / Schlechte und unangenehme / Unangenehme schneller / Schneller verblasst, während alles schöne / Schöne und angenehme / Angenehme meist lange / Lange in Erinnerung bleibt.
2. Übrigens prägt sich auch das besonders gut / Gut ein, was wir in einer angenehmen / Angenehmen Situation gelernt haben.
3. Ich kann mir nichts schlimmeres / Schlimmeres vorstellen, als nicht mehr das gute / Gute zu sehen, sondern nur noch an das böse / Böse zu denken.
4. Man könnte vielleicht meinen, dass manche deshalb alles lieber / Lieber beim alten / Alten belassen wollen, doch jeder hat schließlich auch erfahren, dass es notwendig / Notwendig ist, sich neuem / Neuem und unbekanntem / Unbekanntem zu öffnen.

Nur scheinbare Nominalisierungen (Substantivierungen)

- Wird nach einem Adjektiv oder einem Partizip **ein Nomen (Substantiv) eingespart,** das bereits davor – im selben oder vorangehenden Satz – genannt wird, liegt keine Nominalisierung (Substantivierung) vor. Du erkennst eine nur scheinbare Nominalisierung daran, dass du das Nomen ergänzen könntest. Du musst in diesen Fällen das Adjektiv bzw. das Partizip kleinschreiben:
  Die jüngeren Schüler wenden sich an die ***älteren*** *(= die älteren Schüler).*
  Das gestreifte Hemd gefällt mir besser als das ***karierte*** *(= das karierte Hemd).*
- **Superlative mit *am*** (höchster Steigerungsgrad) werden in der Regel kleingeschrieben. Wenn der Superlativ mit *aufs (= auf das)* gebildet ist, kannst du zwischen Groß- und Kleinschreibung wählen.
  Tim lief ***am schnellsten*** *von allen. Ich gehe* ***am besten*** *gleich zu ihm.*
  Wir wurden aufs Freundlichste/freundlichste begrüßt.

 ► Lösungsheft S. 12–13

17 7./8. Kl.

Formuliere die Sätze um, indem du die Wiederholung des Nomens (Substantivs) vermeidest.

1. Willst du die lange Fassung hören oder die kurze Fassung?

   ____

2. Die guten Schüler sollten den schwächeren Schülern helfen.

   ____

3. Er möchte anstatt der roten Jacke lieber die graue Jacke anprobieren.

   ____

4. Mein neues Handy kann viel mehr als mein altes Handy.

   ____

5. Welche Uhr nimmst du? Die breite Uhr oder die schmale Uhr?

   ____

6. Im Sommer werden mehr kalte Getränke als warme Getränke bestellt.

   ____

18 7./8. Kl.

Liegt eine Nominalisierung (Substantivierung) vor oder nicht? Prüfe, ob ein bereits genanntes Nomen (Substantiv) eingespart wurde, und markiere es farbig. Schreibe die Sätze richtig in dein Heft.

1. In unserer Garage stehen zwei Autos, das ROTE gehört meinem Vater und das SCHWARZE meiner Mutter.
2. Leonie wünscht sich einen großen Hund, ein KLEINER würde ihr aber auch gefallen.
3. Ich sammle schöne und ausgefallene Steine, besonders die MEHR-FARBIGEN haben es mir angetan.
4. Die SCHÖNEN und REICHEN treffen sich heute zur Modenschau.
5. Sie werden sich wahrscheinlich für den Flug entscheiden, der am BILLIGSTEN ist.
6. Er richtet alte Hütten her, sogar EINGESTÜRZTE und VERFALLENE.
7. Dieser Weg ist der KÜRZESTE, so erreichen wir den Gipfel noch vor den anderen.
8. Meiner Meinung nach war sein erstes Angebot auch das BESTE.

► Lösungsheft S. 13

19 Füge die angegebenen Wörter in der richtigen Schreibung ein.

7./8. Kl.

1. schnellsten: Nur die ______________________ erhalten eine Medaille.
2. beste: Der fleißigste Schüler ist nicht immer auch der _______________.
3. ältere: Junge wie auch _____________ amüsierten sich im Festzelt.
4. schriftlichen: Ich bin in den mündlichen Prüfungen meistens besser als in den ______________________.
5. weitesten: Theo kann am ______________________ spucken.

Feste Wendungen aus Präposition und Adjektiv

Für feste Wendungen, die aus einer Präposition (einem Verhältniswort) und einem Adjektiv bestehen, gilt Folgendes:

- Wenn das Adjektiv in dieser Wortgruppe **nicht dekliniert** (nicht gebeugt) ist, schreibst du es wie üblich **klein:**
  von klein auf, in bar, auf ewig
- Wenn das Adjektiv **dekliniert** (gebeugt) ist und auf *-em* oder *-es* endet, kannst du es **groß- oder kleinschreiben:**
  vor Kurzem/kurzem, seit Langem/langem, ohne Weiteres/weiteres

20 Ordne die festen Wendungen richtig zu.

9./10. Kl.

bis auf weiteres – seit neuestem – grau in grau – von nahem – von früh bis spät – seit langem – bei weitem – von nah und fern – durch dick und dünn – über kurz oder lang

Kleinschreibung	Groß- oder Kleinschreibung
______________________	______________________
______________________	______________________
______________________	______________________
______________________	______________________
______________________	______________________

 ► Lösungsheft S. 13

3 Wörter mit unterschiedlicher Schreibung

Verbzusätze

Verben können mit **verblassten Nomen** (Substantiven) trennbare (unfeste) Zusammensetzungen bilden, die man nur in wenigen Formen – etwa im Infinitiv (in der Grundform) – zusammenschreibt. Diese Verbzusätze musst du auch dann **kleinschreiben,** wenn sie getrennt vom Rest des Verbs stehen:
teilnehmen → ich nehme ***teil*** *eislaufen → sie laufen* ***eis***

21 7./8. Kl. **Füge die trennbaren Verbindungen aus dem Wortspeicher in der richtigen Form (Präsens oder Präteritum) in die passenden Sätze ein.**

kopfstehen – heimgehen – teilnehmen – nottun – preisgeben

1. Sie blieben nur kurz, schon um neun Uhr __________ sie __________.
2. Er __________ sein Geheimnis niemals __________.
3. __________ du am Wettkampf __________?
4. An jenem Tag __________ meine Welt __________.
5. Jetzt __________ Eile __________!

angst, gram, leid, pleite, schuld, recht

Manchmal werden Nomen (Substantive) **wie Adjektive** gebraucht, dann schreibt man sie klein.

- In Verbindung mit *sein, bleiben* oder *werden* schreibt man die Wörter *angst (und bange), gram, leid, pleite, schuld* klein. Sind sie aber mit anderen Verben verbunden, schreibt man sie meist groß.
  Wer ist ***schuld*** *daran?* *Wer trägt die* ***Schuld?***
- Das Wort *recht* schreibt man in Verbindung mit *sein, geschehen* oder *machen* klein. Ist der Gebrauch in einer Verbindung nicht eindeutig adjektivisch oder nominal (substantivisch), darfst du groß- oder kleinschreiben.
  es ist mir ***recht*** ***recht/Recht*** *haben, bekommen …*

► Lösungsheft S. 13

22 9./10. Kl.

Ist das groß gedruckte Wort ein Nomen (Substantiv)? Kreise den Buchstaben in der entsprechenden Spalte ein. Wie lautet die Lösung?

	Satz	Ja	Nein
1.	Wenn das so weitergeht, bin ich bald PLEITE.	d	g
2.	Der Staat rettete die Bank vor der PLEITE.	u	a
3.	Hast du etwa ANGST?	t	s
4.	Da kann einem richtig ANGST werden.	s	g
5.	Es tut mir LEID, dass es nicht geklappt hat.	t	e
6.	Sie war es LEID zu warten.	r	m
7.	Ich schwöre, dass ich nicht SCHULD bin!	m	a
8.	Er hatte SCHULD an dem Unfall!	c	u
9.	Das geschieht dir RECHT!	n	h
10.	Ihm kann man heute gar nichts RECHT machen.	g	t

Aus Nomen (Substantiven) entstandene andere Wortarten

Aus Nomen (Substantiven) können Wörter anderer Wortarten abgeleitet werden, dann musst du sie **kleinschreiben.** Dies betrifft zum Beispiel

- Wörter auf *-s* oder *-ens:*
  abends, sonntags, mittels, willens, rechtens
- die unbestimmten Pronomen *(ein) bisschen* und *(ein) paar:*
  ein bisschen mehr, nur ein paar (= einige wenige) Fans

23 7./8. Kl.

Markiere alle Nomen (Substantive) farbig und unterstreiche die Wörter, die aus Nomen entstanden sind. Schreibe den Text richtig in dein Heft.

wir trafen uns nachmittags im medienraum. ein junge namens kenan wollte uns seine kultur mittels eines films vorstellen. es gab wie immer ein paar, die anfangs nicht willens waren, ihren freien nachmittag in der schule zu verbringen. wir konnten sie aber ein bisschen neugierig machen und niemand bereute es angesichts des absolut interessanten beitrags.

 ► Lösungsheft S. 13

4 Zeitangaben, Zahlwörter, Mengen und Pronomen

Zeitangaben

- Bei der Angabe der **Uhrzeit** werden die Zahlwörter kleingeschrieben:
  Schulschluss ist um dreizehn Uhr fünf.
  Wir holen dich gegen drei ab.
- Ist die Zeitangabe ein **Nomen** (Substantiv), musst du sie großschreiben:
  der Abend, am Nachmittag, am Sonntag
  der Freitagmorgen, am Samstagabend
- Großgeschrieben wird auch die Angabe der **Tageszeit** nach Adverbien wie *gestern, heute, morgen, jeden:*
  heute Abend, morgen Nachmittag
- Von Nomen abgeleitete **Zeitadverbien auf *-s*** schreibt man klein:
  abends, sonntags, freitagmorgens
- Geht einer Zeitangabe auf *-s* jedoch ein **Artikel** voraus, handelt es sich um ein Nomen, das du großschreiben musst:
  Eines Abends klingelte es an der Tür.

24 5./6. Kl.

Füge den fehlenden Anfangsbuchstaben in der richtigen Schreibung ein.

Leonie steht __orgens um __ieben Uhr auf. Sie fährt nur __ontags mit dem Bus, von __ienstag bis __reitag nimmt ihr Vater sie mit. Die Schule beginnt um __cht und endet um __ehn nach __ins. Am __ontagnachmittag geht sie regelmäßig zum Schwimmen. Reitunterricht hat sie __reitags.

25 7./8. Kl.

Schreibe den Text in der richtigen Groß- und Kleinschreibung ins Heft.

SIE TRAFEN SICH MORGENS IMMER AN DER BUSHALTESTELLE. EINES MONTAGMORGENS JEDOCH WAR LEO NICHT DA. PAUL MEINTE: „VIELLEICHT HAT ER VERSCHLAFEN, WEIL SEIN MEERSCHWEINCHEN IN DER NACHT KRACH GEMACHT HAT.“ HANNES ENTGEGNETE: „GLAUBE ICH NICHT, DAS IST NACHTS IMMER PUTZMUNTER. ABER HATTE ER GESTERN ABEND AUF DEM BOLZPLATZ NICHT KOPFSCHMERZEN?“ DA FIEL PAUL WIEDER EIN, DASS ES LEO SCHON AM SONNTAGNACHMITTAG NICHT GUT GING. SIE BESCHLOSSEN, IHN NACHMITTAGS GEGEN VIER ZU BESUCHEN.

► Lösungsheft S. 13–14

Zahlwörter

- Die Grundzahlen von 0 bis 999 999 werden in der Regel kleingeschrieben:
  *Die ersten **drei** kommen aufs Siegertreppchen.*
  *Er dürfte um die **zwanzig** sein.*
- Grundzahlen unter einer Million schreibst du nur dann groß, wenn die Ziffer oder der Zahlwert als solcher gemeint ist:
  *die Eins → Ich habe eine **Eins** geschrieben!*
  *die Drei → Die **Drei** ist meine Glückszahl.*
- Zahlwörter wie *Million* oder *Milliarde* sind Nomen (Substantive) und werden großgeschrieben:
  *Der Gewinn lag bei einer **Million** Euro.*
- Wird eine Ordnungszahl oder eine Bruchzahl auf *-tel* oder *-stel* (↑ auch S. 54) wie ein Nomen gebraucht, musst du sie großschreiben:
  *Der **Erste** bekommt eine Belohnung.*
  *Jeder **Dritte** konnte seine Leistung verbessern.*
  *Der Veranstalter spendete ein **Drittel** der Einnahmen.*

26 **Groß oder klein? Streiche jeweils die falsche Schreibung durch.**

9./10. Kl.

1. Wir hatten heute zwei / Zwei Stunden Mathe.
2. Die Stretchlimousine war ganze neun / Neun Meter lang.
3. Beinahe jedes dritte / Dritte Wort ist bei ihr „also“.
4. Es kamen an die zehntausend / Zehntausend Besucher.
5. Beim letzten Marathon wurde er fünfter / Fünfter.
6. In Deutschland leben etwa 82 millionen / Millionen Menschen.
7. Tom, Luca, Lea und Max – alle vier / Vier wohnen in derselben Straße.
8. Er hat schon wieder eine sechs / Sechs gewürfelt!
9. Im Zeugnis habe ich diesmal drei / Drei zweier / Zweier.
10. Als Trostpreis gibt es für den letzten / Letzten ein Eis.
11. Wir gehen heute zu zweit / Zweit ins Kino.
12. Rund ein sechstel / Sechstel der Teilnehmer konnte sich qualifizieren.
13. Ich kann es kaum ertragen, nur zweiter / Zweiter zu sein.

 ► Lösungsheft S. 14

Unbestimmte Mengenangaben und Pronomen

Unbestimmte Mengenangaben und Pronomen (Fürwörter) werden kleingeschrieben:

- die Wörter ***viel, wenig, ein, andere:***
  Nur weniges ist so mitreißend wie dieser Film!
  Wo sind die anderen?
  In bestimmten Fällen könnten sie auch als Nomen (Substantiv) aufgefasst werden, dann darfst du sie groß- oder kleinschreiben, um dies hervorzuheben. Schreibe sie am besten immer klein, dann machst du keine Fehler:
  Ich habe etwas ganz anderes/Anderes gemeint.
- unbestimmte Pronomen wie ***alle, beide, jeder, jemand, keiner, manche, niemand:***
  Es war niemand zu Hause, sie waren alle unterwegs.
  Er gab jedem die Hand; keiner von beiden grüßte.

27 **Setze die Wörter in der richtigen Schreibung ein.**

9./10. Kl.

1. MANCHE: Er lud seine Freunde ein, doch ___________ sagten ab.
2. EINIGES: Ich habe euch ___________ zu erzählen.
3. EINE / ANDERE: Das ___________ schließt das ___________ nicht aus.

28 **Schreibe die Geschichte in der richtigen Schreibung in dein Heft.**

9./10. Kl.

Zwei Freunde schworen sich ewige Treue: Sie wollten noch VIELES miteinander erleben und sich von NIEMANDEM auseinanderbringen lassen. So traten sie eine lange Wanderung an. Auf einem Waldweg kam den BEIDEN plötzlich ein Bär entgegen. Gemeinsam hätten sie ihn womöglich bezwungen, aber JEDER allein war zu schwach. Dem EINEN war sein Leben zu lieb und er kletterte schnell auf einen Baum. Als sich der ANDERE nun verlassen sah, warf er sich flach auf den Boden und stellte sich tot. Ihm hatte nämlich einmal JEMAND erzählt, dass ein Bär KEINEN anrührt, den er für tot hält. Der Bär kam herbei, beleckte ihn an den Ohren und stupste ihn ein WENIG mit der Schnauze an. Dann trabte er wieder davon. Kaum war die Gefahr vorüber, stieg der EINE wieder vom Baum herunter und fragte den ANDEREN voller Neugier, was ihm der Bär ALLES ins Ohr geflüstert habe. Daraufhin antwortete dieser: „Er hat mich vor schlechten Freunden gewarnt."

► Lösungsheft S. 14

LERNSPIEL

5./6. Kl.

Der große Stuhltanz

Ab 6 Spielern
Ihr braucht: genügend Stühle, 1 Spielleiter

Dieses Spiel ist eine Variante von „Die Reise nach Jerusalem“. Ihr benötigt auch hierfür einen Stuhl weniger als Spieler (der Spielleiter zählt nicht dazu). Ordnet die Stühle so im Kreis an, dass die Sitzfläche nach außen gerichtet ist, und stellt euch ringsum auf. Ihr braucht genügend Platz, denn ihr tanzt auch bei diesem Spiel um die Stühle herum.

Der Spielleiter gibt mit dem Wort „Start“ das Zeichen, dass die Runde beginnt: Alle tanzen um den Stuhlkreis. Anders ist hierbei, dass die Spieler nicht auf die Musik, sondern auf die vom Spielleiter genannten Wörter achten müssen. Ausschlaggebend ist nämlich die Schreibung – groß oder klein:

- Solange es sich um eindeutige Nomen (Substantive) handelt, die man großschreibt, tanzen alle weiter.
- Sobald ein Wort genannt wird, das man im Normalfall kleinschreibt (ein Adjektiv, Zahlwort, Adverb usw.), sucht sich jeder schnellstmöglich einen freien Stuhl.

Derjenige, der keinen freien Stuhl ergattern konnte, scheidet aus.
Vor jeder neuen Runde wird ein Stuhl aus dem Stuhlkreis entfernt.

Es werden so viele Runden gespielt, bis nur noch zwei Spieler übrig sind: Der Gewinner dieser letzten Runde ist der Gesamtsieger.

Beispiele:

Start – Wohnung – Bett – Kissen – Decke – Wecker – Badezimmer – Spiegel – Zahnbürste – Radio – Schule – Waschlappen – eiskalt …

Start – Klassenzimmer – Tisch – Buch – Kartenständer – Lehrer – Fenster – Tür – Gongschlag – Pausenhof – Lautsprecher – Durchsage – später …

Start – Tierpark – Spaziergang – Rucksack – Butterbrot – Wasserflasche – Eintrittskarte – Pinguine – Affengehege – Robbenfütterung – Krokodile – Braunbären – gefährlich …

Start – Sommer – Nachmittag – Schwimmbad – Liegewiese – Badehandtuch – Bikini – Sonnenbrille – Fünfmeterturm – Bademeister – Nichtschwimmerbecken – Röhrenrutsche – eintauchen …

5 Eigennamen und feste Begriffe

Eigennamen

- Eigennamen sind Nomen (Substantive) und werden großgeschrieben:
  Ich heiße ***Lena*** *und wohne in* ***Mannheim.***
- Ein Eigenname kann auch aus mehreren Teilen bestehen. Gehört zu dem Namen ein Adjektiv, ein Partizip oder ein Zahlwort, schreibst du dieses ebenfalls groß:
  der ***Bayerische*** *Wald*
  Vereinigte *Staaten von Amerika*
  Friedrich der ***Zweite***

29 7./8. Kl.

Wie lautet die richtige Schreibung?

1. die olympischen spiele ______
2. august der starke ______
3. der deutsche bundestag ______
4. das rote kreuz ______
5. katharina die große ______
6. die schwäbische alb ______
7. königin elisabeth die zweite ______
8. der alte fritz ______
9. die mecklenburgische seenplatte ______
10. das neue testament ______
11. das schwarze meer ______
12. die erste bundesliga ______
13. das kap der guten hoffnung ______
14. der schiefe turm von pisa ______
15. das goldene kalb ______
16. der pazifische ozean ______

► Lösungsheft S. 14

Namenähnliche Fügungen

Die folgenden namenähnlichen Fügungen musst du großschreiben:

- Titel und Ehrenbezeichnungen:
  *der **Heilige** Vater (Papst), der **Technische** Direktor*
- besondere Kalendertage und historische Ereignisse:
  *der **Heilige** Abend (24. 12.), der **Dreißigjährige** Krieg*
- biologische Bezeichnungen von Tier- und Pflanzenarten:
  *das **Wandelnde** Blatt (Insekt), der **Gemeine** Flieder (Strauch)*

30 9./10. Kl. **Setze die Wörter aus dem Wortspeicher in die passenden Lücken ein. Achte auf die richtige Schreibung!**

königliche – goldenen – dreißigjähriger – heiligen –
weiße – schwarze – drei – deutsche – französische – zweite –
gemeine – leitende – erste – fleißige

1. Tag der Arbeit: der ________________ Mai
2. die Weisen Caspar, Melchior und Balthasar aus dem Morgenland: die ________________ Könige
3. ereignete sich 1789–1799: die ________________ Revolution
4. eine Hunderasse: der ________________ Schäferhund
5. größte bewaffnete Auseinandersetzung der Menschheitsgeschichte: der ________________ Weltkrieg
6. eine Giftspinne: die ________________ Witwe
7. beliebte Zierpflanze: das ________________ Lieschen
8. auch als Kakerlake bekannt: die ________________ Küchenschabe
9. Zeit zwischen 1924 und 1929: die ________________ Zwanziger
10. Chef einer Abteilung oder Firma: der ________________ Angestellte
11. Anrede für einen Monarchen: Ihre ________________ Hoheit
12. Sonntag nach Ostern: der ________________ Sonntag
13. ein Mann von dreißig Jahren: ein ________________ Mann

 ► Lösungsheft S. 14

Feste Begriffe

- Anders als die mehrteiligen Eigennamen bezeichnen die sogenannten festen Begriffe **nichts Einzigartiges,** sie sind nicht den Namen gleichgestellt. In festen Begriffen musst du deshalb Adjektive, Partizipien und Zahlwörter in der Regel kleinschreiben:
  das schwarze Schaf, die vier Evangelisten, die künstliche Intelligenz
- Hat ein fester Begriff eine **andere Gesamtbedeutung** als die wörtliche, darfst du die Adjektive und Zahlwörter auch großschreiben, wenn du dies hervorheben möchtest (oft kommt das in Fachsprachen vor):
  das Schwarze/schwarze Brett (Anschlagtafel)
  die Erste/erste Hilfe (Unfall), die Gelbe/gelbe Karte

31 9./10. Kl.

Ist bei den unterstrichenen Wörtern Großschreibung ebenfalls erlaubt? Kreuze an.

	Ja	Nein
1. die sieben Weltwunder	☐	☐
2. ein heißer Draht	☐	☐
3. die rote Karte	☐	☐
4. der erste Kuss	☐	☐
5. die goldene Hochzeit	☐	☐
6. das fünfte Rad am Wagen	☐	☐
7. der schwarze Peter	☐	☐
8. Liebe auf den zweiten Blick	☐	☐
9. der blaue Brief	☐	☐
10. in den eigenen vier Wänden	☐	☐
11. lauter falsche Zähne	☐	☐
12. ein schwarzer Tag	☐	☐
13. das gelbe Trikot	☐	☐
14. ein echter Nerz	☐	☐
15. die alten Griechen	☐	☐

► Lösungsheft S. 14

6 Die Höflichkeitsanrede

Die Anredepronomen

- Die Pronomen für die **höfliche Anrede** wie z. B. *Sie, Ihnen, Ihr* usw. werden großgeschrieben. Das Reflexivpronomen *sich* wird jedoch immer kleingeschrieben:
  *Würden **Sie sich** bitte hinten anstellen?*
  *Frau Meier, wie geht es **Ihnen** und **Ihrem** Mann?*
- Alle anderen Anredepronomen werden kleingeschrieben:
  *Ich werde **euch** um vier abholen.*
  *Mara, **du** stellst **dich** bitte auch hinten an!*
- Nur in **Briefen** darfst du auch die vertrauliche Anrede großschreiben:
  Mit diesem Brief möchte ich mich ganz herzlich für Deine/deine Einladung bedanken.

32 7./8. Kl. **Ergänze in den Werbesprüchen die fehlenden Anfangsbuchstaben der Pronomen.**

1. Am nächsten Sonntag für __ie geöffnet: die neue Wohnwelt Weiler!
2. Kommen __ie zu uns und genießen __ie Entspannung pur!
3. Schraubst __u noch oder wohnst __u schon?
4. Sind __ie es auch leid, __ich ständig abzumühen? – Nehmen __ie einfach das neue Blitzispray!
5. Wollt __hr Spaß und Action? – Dann macht __uch gleich auf den Weg ins Abenteuerland!
6. Wenn __ie sicher sein wollen, dass bei __hrer Party Bombenstimmung herrscht, liegen __ie mit dem Duo Bumbum goldrichtig!
7. Gib schnell __einen Code ein! Viele neue Freunde warten bei Chattinetti auf __ich!
8. Mit dem coolen Glitzistick könnt __hr __uer Zimmer im Handumdrehen verwandeln!
9. Hol __ir __ein Nontendi – solange __u es nicht hast, fehlt __ir was!

 ► Lösungsheft S. 14

33 (7./8. Kl.) **Lies die Postkarte von Sarah Sauer an ihre Freundin Lea. Unterstreiche die Pronomen der vertraulichen Anrede, die Sarah kleingeschrieben hat, die man aber im Brief oder auf einer Karte auch großschreiben darf.**

Liebe Lea,
nun habe ich den Rat deines Bekannten befolgt, der mir auf eurer Party das Hotel empfohlen hat, das du auf der Karte sehen kannst. Ob du es glaubst oder nicht – es ist schrecklich hier! Ich kann dir nur raten, niemals hierherzufahren! Diese trostlose Gegend würde dir bestimmt nicht gefallen. Ich freue mich schon, dich bald wiederzusehen!
Sarah

An
Lea Lieblich
Im lieblichen Tal 3
01234 Zuhause

34 (7./8. Kl.) **Wie müsste der Postkartentext aus Übung 33 formuliert sein, wenn es sich bei Sarah und Lea um Kolleginnen handelte, die sich siezen? Schreibe ihn in dein Heft.**

35 (9./10. Kl.) **Das Horoskop: Schreibe die Sätze in der richtigen Groß- und Kleinschreibung in dein Heft.**

ALLGEMEIN: IN DIESER WOCHE STEHEN IHRE STERNE GÜNSTIG: NUTZEN SIE DIE KONSTELLATION UND SPIELEN SIE LOTTO!
PARTNERSCHAFT: DIE KOSMISCHE EMPFEHLUNG LAUTET: PROBIEREN SIE DOCH EINMAL ETWAS NEUES AUS, DENN IHRE LIEBE BRAUCHT VERÄNDERUNG!
ERFOLG: OBWOHL IHR WILLE STARK IST, ÄNDERT SICH NICHTS, SOLANGE SIE NICHT AN KONKRETEN PLÄNEN FEILEN. WARUM GEHEN SIE ES NICHT GLEICH AN?
GESUNDHEIT: STECKEN SIE NICHT ZU VIEL ENERGIE IN DIE ARBEIT, SONDERN ACHTEN SIE AUCH AUF DIE SIGNALE IHRES KÖRPERS!

► Lösungsheft S. 14–15

E Übungen zur Zeichensetzung

1 Die Satzschlusszeichen

Punkt, Fragezeichen, Ausrufezeichen

Mit den folgenden Satzzeichen kennzeichnest du das Ende eines Satzes:

- **Aussagesätze** enden normalerweise mit einem Punkt:
  Ich spreche drei Fremdsprachen.
- **Fragesätze** enden mit einem Fragezeichen:
  Sprichst du eine Fremdsprache?
  Nach indirekten Fragen steht jedoch ein Punkt:
  Ich fragte ihn, ob er eine Fremdsprache spreche.
- **Ausrufe** und Sätze, die eine **Aufforderung** oder einen **Befehl** enthalten, enden mit einem Ausrufezeichen:
  Achtung! Hört bitte mal her!

1 **Setze die fehlenden Satzschlusszeichen.**

5./6. Kl.

Der italienische Kardinal Mezzofanti lebte von 1774 bis 1849__ Er ging als eines der größten Sprachgenies in die Geschichte ein__ Über ihn wird berichtet, er habe 57 Sprachen verstanden und davon 38 Sprachen gesprochen__ Sein Heimatland Italien habe er jedoch nie verlassen__ Unglaublich__ Mezzofanti gilt als Inbegriff des polyglotten (= mehrsprachigen) Menschen__ Und wer gehört zu den deutschen Rekordhaltern in Sachen Mehrsprachigkeit__ Da wäre Emil Krebs zu nennen, der angeblich 68 Sprachen in Wort und Schrift beherrschte__ Er erlernte innerhalb von nur zwei Jahren das Chinesische und wurde auch in China zu einem gefragten Sprachspezialisten__ Und wie lange braucht man, um Russisch zu lernen__ Sechs Wochen genügen__ Der große Altertumsforscher Heinrich Schliemann war danach in der Lage, auf Russisch zu verhandeln und Briefe zu schreiben__ Ich frage mich, ob mir das auch gelänge__

 ▶ Lösungsheft S. 15

Fälle ohne Schlusspunkt

- Am Ende einer **Überschrift** steht kein Punkt:
  Zahlreiche Unfälle durch Glatteis
- Wenn der Aussagesatz in einen anderen Satz **eingebettet** ist (z. B. in Klammern oder Gedankenstrichen), steht er ohne Schlusspunkt:
  In die Massenkarambolage – wir berichten anschließend in einer Sondersendung – waren mehr als 20 Pkw verwickelt.
  „Fahren Sie nur, wenn es nötig ist", empfahl der Verkehrspolizist.

2 7./8. Kl. **Prüfe, ob in dem Zeitungstext alle Satzschlusszeichen richtig gesetzt sind. Streiche falsch gesetzte Satzzeichen durch und verbessere den Text in deinem Heft.**

Falscher Alarm.

Am Sonntagnachmittag rückten Feuerwehr und Polizei zum Heimatmuseum aus, wo ein Meldeknopf ausgelöst worden war! Nachdem jedoch kein Notfall zu erkennen war – offenbar hatte sich jemand einen Scherz erlaubt. –, wurde der Einsatz schon nach wenigen Minuten beendet. Nach dem noch unbekannten Alarmauslöser – er muss für den Einsatz finanziell aufkommen. – wird seither gesucht. „Sachdienliche Hinweise nimmt jede Polizeistelle entgegen.", sagte der Einsatzleiter.

2 Der Doppelpunkt

Wann steht ein Doppelpunkt?

Mit einem Doppelpunkt wird ausgedrückt, dass etwas folgt, das den vorangehenden Satz erweitert. Am häufigsten steht er vor **Aufzählungen** und vor der **direkten Rede:**
Er spielt drei Instrumente: Klavier, Gitarre und Cello.
Ich sagte: „Ich würde gerne Saxofon lernen."
(Zur Groß- und Kleinschreibung nach Doppelpunkt ↑ S. 65.)

▸ Lösungsheft S. 15

3 5./6. Kl. **Schreibe die Sätze in dein Heft und füge dabei einen Doppelpunkt ein.**

1. Folgende Werkzeuge sollten bereitliegen Hammer, Zange und Nägel.
2. Die Fenster, die Decken, die Böden Alles musste erneuert werden.
3. Ich dachte „Das schaffen wir nie!“
4. In der Anleitung steht „Der Kleister wird im Verhältnis 1:5 angerührt.“
5. Eure Augen haben tiefe Ränder Schlaft euch mal richtig aus!

3 Der Strichpunkt (das Semikolon)

Wann steht ein Strichpunkt?

- Der Strichpunkt (das Semikolon) trennt Sätze und Teilsätze weniger stark als ein Punkt, jedoch stärker als ein Komma:
  Im Grunde verstand keiner, wovon er sprach; dennoch hörten alle fasziniert zu. (Hier könnte auch ein Punkt oder ein Komma stehen.)
- Der Strichpunkt kann auch in Aufzählungen verwendet werden, um zusammengehörige Wortgruppen zu kennzeichnen:
  Für den Filmabend besorgten sie Chips, Salzstangen und Gummibärchen; Wasser, Säfte, Cola und Limonade. (Hier steht anstelle des Strichpunkts meistens ein Komma, ↑ S. 91.)

4 7./8. Kl. **Kreuze an: Ist der Strichpunkt sinnvoll? Welches andere Satzzeichen (Komma und/oder Punkt) könnte an entsprechender Stelle stehen?**

	Sinnvoll:		Satzzeichen:	
	Ja	Nein	Komma	Punkt
1. Man sollte zu seinen Fehlern stehen; das bringt einen weiter.	☐	☐	☐	☐
2. Er tat es nicht aus Absicht; es handelte sich vielmehr um einen Irrtum.	☐	☐	☐	☐
3. Den Rest überließen sie ihr; was bei ihr große Freude hervorrief.	☐	☐	☐	☐
4. Die Blumen müssten gedüngt; die Hecken geschnitten werden.	☐	☐	☐	☐
5. Ihr könnt gern hier übernachten; es ist genügend Platz für alle.	☐	☐	☐	☐
6. Für den Kuchen benötigen wir Butter; Mehl und Zucker; Eier und Milch.	☐	☐	☐	☐

4 Das Komma

Aufzählungen (Reihungen)

- Die einzelnen Glieder einer Aufzählung trennst du mit Komma voneinander ab:
  Wir bieten Ihnen Bücher, Zeitungen, Zeitschriften, Musik und Filme.
  Heute möchte ich lesen, faulenzen, spazieren gehen.
- Setze **kein Komma,** wenn die aufgezählten Glieder mit einer **nebenordnenden Konjunktion** (Bindewort) verbunden sind, z. B.:
  ***und**, sowie, wie, sowohl … als auch, weder … noch*
  ***oder**, entweder … oder, beziehungsweise (bzw.)*
  Ich lese gerne Krimis und Kurzgeschichten.
  Er möchte weder lesen noch faulenzen oder spazieren gehen.
- Beachte, dass du vor **entgegenstellenden Konjunktionen** wie *aber, sondern, doch, jedoch* **ein Komma** setzen musst:
  Hier gibt es keine CDs, aber Bücher.
  Sie liest viel, jedoch nur Science-Fiction.

Rechtschreibung und Zeichensetzung

5 Setze alle fehlenden Kommas in den Aufzählungen.

7./8. Kl.

1. In meinem Regal stehen Bücher in Deutsch Englisch Französisch.
2. Lea kauft sich entweder Fantasyromane oder Krimis.
3. Meine Eltern besitzen weder Comics noch Mangas.
4. Bei ihnen findet man sowohl spannende als auch langweilige Bücher in rauen Mengen.
5. Leon liebt nicht nur Wissenschaftsbücher für Laien sondern auch Biografien von Fußballern und alte Atlanten.
6. Meine Lieblingsbuchhandlung ist klein aber fein.
7. Belletristik ist der Oberbegriff für Unterhaltungsliteratur wie Romane Erzählungen und Kurzgeschichten.
8. Zu den Sachbüchern zählen Lexika oder Wörterbücher Schulbücher bzw. Lehrwerke Musikbücher Ratgeber sowie Reiseführer.

► Lösungsheft S. 15–16

6 7./8. Kl. **Bilde aus den Wörtern Sätze und schreibe sie in dein Heft. Verwende dabei alle Wörter und setze die notwendigen Kommas.**

1. heute Abend / ich möchte / laut Musik hören / tanzen gehen / mal wieder / oder
2. gestern Abend / ich habe / mein Zimmer aufgeräumt / einen Brief geschrieben / noch ein wenig gelesen / zuerst / dann / und hinterher
3. an ihrem Geburtstag / sie wird / nicht feiern / wegfahren / sondern
4. er hat / angerufen / gesimst / gemailt / weder / noch / oder

Aneinandergereihte Adjektive

- Stehen mehrere Adjektive vor einem Nomen (Substantiv), trennst du sie **mit Komma,** wenn sie **gleichrangig** sind. In diesem Fall könntest du das Wort *und* zwischen die Adjektive setzen oder die Adjektive umstellen, ohne dass sich die Bedeutung ändert:
ein interessantes, unterhaltsames Buch (= ein unterhaltsames, interessantes Buch = ein interessantes und unterhaltsames Buch)
- Du darfst **kein Komma** setzen, wenn das Adjektiv, das direkt vor dem Nomen (Substantiv) steht, mit diesem **eng verbunden** ist. In diesem Fall könntest du kein *und* zwischen die Adjektive setzen und die Adjektive auch nicht umstellen:
die besten jungen Autoren (= die besten unter den jungen Autoren)

7 7./8. Kl. **Entscheide: mit oder ohne Komma? Setze es nur, wenn es sinnvoll ist.**

1. Sie zog ihr neues weißes Kleid an.
2. In den nächsten großen Ferien fahren wir an die Ostsee.
3. Den trockenen bröseligen Kuchen wollte niemand essen.
4. In unserem Garten steht eine knorrige alte Eiche.
5. Warum trägst du immer die gleiche hässliche Krawatte?
6. Eine kleine schlanke ältere Frau öffnete die Tür.
7. An der Wand hing ein buntes kitschiges Foto.
8. Ich wünsche euch ein erfolgreiches neues Jahr!
9. Als Nachtisch gab es eine leckere süße Joghurtcreme.

 ► Lösungsheft S. 16

Den Sinn veränderndes Komma

Du kannst mit einem Komma den Sinn eines Satzteils verändern. Setze ein Komma, wenn du bei gleichbleibender Bedeutung die Wörter *und zwar* oder *diesmal* zwischen die Adjektive setzen könntest:
sein erster erfolgreicher Roman (= sein erster Roman, der im Unterschied zu seinen anderen Romanen erfolgreich war)
sein erster, erfolgreicher Roman (= sein erster Roman war erfolgreich, sein neuer Roman nicht)

8 **Erkläre knapp den Bedeutungsunterschied.**

9./10. Kl.

1. mein letztes, gutes Zeugnis: ____________________ ____________________

   mein letztes gutes Zeugnis: ____________________ ____________________

2. ein guter, strenger Lehrer: ____________________ ____________________

   ein guter strenger Lehrer: ____________________ ____________________

Die Satzreihe

- Wird ein Hauptsatz mit einem anderen Hauptsatz verbunden, spricht man von einer Satzreihe. Setze ein Komma, um Hauptsätze in einer Satzreihe voneinander abzutrennen. Beachte: Es handelt sich um **selbstständige Teilsätze,** die jeweils ein konjugiertes Verb enthalten!
  *Sie reisten ab**,** wir blieben noch zwei Tage.*
- Setze auch ein Komma, wenn die Hauptsätze mit einer entgegenstellenden Konjunktion (z. B. *aber, doch,* ↑ S. 91) verbunden sind:
  *Wir gingen spazieren**, aber** mein Bruder wollte nicht mitkommen.*
- Setze kein Komma, wenn die Sätze mit einer nebenordnenden Konjunktion (z. B. *und, oder,* ↑ S. 91) verbunden sind:
  *Er las noch ein wenig **und** ich hörte Musik.*
  *Sie kommt **entweder** bei uns vorbei **oder** sie ruft uns an.*
  Du darfst in diesem Fall aber ein Komma setzen, um die Gliederung des Satzes zu verdeutlichen und damit die Lesbarkeit zu verbessern:
  *Ich habe das Zimmer gesaugt**(,)** und geputzt hat mein Bruder.*

9 5./6. Kl.

Suche zu jedem Satz aus der linken Spalte einen passenden Satz aus der rechten Spalte. Bilde damit Satzreihen (ohne Konjunktionen).

Am Bodensee kann man herrlich Rad fahren.	Die Bodenseeforelle ist besonders empfehlenswert.
Fisch steht in vielen Variationen auf der Speisekarte.	Von den zeitgenössischen Autoren ist Martin Walser der bekannteste.
Bekannt ist diese Gegend auch für den Obstanbau.	Es gibt auch schöne Spazierwege.
Viele Schriftsteller lebten und leben am Bodensee.	Vielerorts werden frisch gekelterte Säfte angeboten.

10 5./6. Kl.

Verbinde die von dir gebildeten Satzreihen aus Übung 9 mit Konjunktionen. Wähle für jede Satzreihe eine geeignete Konjunktion aus dem Wortspeicher aus. Meist gibt es mehrere Möglichkeiten, manche Konjunktionen passen nirgends. Denke daran, dass bei bestimmten Konjunktionen kein Komma steht! Schreibe die Sätze in dein Heft.

doch – und – aber – denn – oder – sondern – jedoch – sowie

11 7./8. Kl.

Setze alle fehlenden Kommas, die notwendig sind.

Im Urlaub möchte meine Mutter stets auf Berge steigen mein Vater interessiert sich mehr für Städte und Museen meine Schwester will einfach nur am Strand liegen und mir gefällt weder das eine noch das andere. Ich träume schon lange von einer Radreise mir würde auch ein Urlaub auf einem Hausboot gefallen doch mit meinen Vorschlägen stoße ich auf taube Ohren. Dem einen ist es zu anstrengend dem anderen fehlt entweder die Kunst oder die Bergluft. Auch für die kommenden Sommerferien wird wieder heiß diskutiert werden es wird vielleicht auch zu Streitigkeiten kommen aber wir werden bestimmt einen guten Kompromiss finden.

 ► Lösungsheft S. 16

Rechtschreibung und Zeichensetzung

Das Satzgefüge

- Wenn ein **Hauptsatz** mit einem **Nebensatz** verbunden ist, spricht man von einem Satzgefüge. Setze ein Komma, um Hauptsatz (HS) und Nebensatz (NS) voneinander abzutrennen.
  Beachte: Ein Nebensatz kann nicht alleine stehen; er ist immer von dem übergeordneten Satz abhängig, mit dem er durch eine Konjunktion (Bindewort, z. B. *wenn, weil, dass*) oder ein Pronomen (Fürwort, z. B. *der, welche, was*) verbunden ist:
  Wir machen eine Radtour, ***wenn*** *das Wetter gut ist.*
  HS – *NS*
  Wohin *wir fahren, entscheiden wir heute Abend.*
  NS – *HS*
- Ist der Nebensatz in den Hauptsatz eingeschoben, setzt du am Anfang und am Ende ein Komma:
  Sie wollten, ***weil*** *es zu regnen begann, nicht losfahren.*
  HS (1. Teil) – *NS* – *HS (2. Teil)*
- Von einem Nebensatz kann ein weiterer Nebensatz abhängen. Trenne sie mit Komma voneinander ab:
  Ich glaube, ***dass*** *er nicht mitkommt,* ***da*** *sein Fahrrad kaputt ist.*
  HS – *NS 1* – *NS 2*

12 5./6. Kl.

Setze passende Konjunktionen oder Pronomen aus dem Wortspeicher in die Lücken ein und setze die Kommas richtig. Unterstreiche die Hauptsätze einfach, die Nebensätze doppelt und umkreise die Kommas.

da – die – obwohl – weil – welche – wenn

1. Viele Touristen kommen nach Deutschland ______________ sie prachtvolle Schlösser und malerische Burgen besichtigen möchten.
2. Schloss Sanssouci in Potsdam gilt als eine der berühmtesten Residenzen der Welt ______________ es im Vergleich zu anderen Schlössern eher klein ausfällt.
3. Zu den deutschen Prunkbauten ______________ die meisten Besucher anziehen, gehören auch die Schlösser von König Ludwig II.

► Lösungsheft S. 17

4. Die traumhaft gelegene Burg Eltz wird auch als Märchenburg bezeichnet ______________ sie mit ihren zahllosen Türmen und Giebeln romantische Vorstellungen wahr werden lässt.
5. Die Burg zu Burghausen ______________ direkt oberhalb der bayerischen Grenze zu Österreich thront, ist die längste Burg Europas.
6. Viele geraten ins Schwärmen ______________ sie die unzähligen mittelalterlichen Burgen und Kirchen entlang des Rheins sehen.

13 7./8. Kl.

Markiere die Konjunktionen oder Pronomen, die die Nebensätze einleiten. Unterstreiche die Hauptsätze einfach, die Nebensätze doppelt und füge die fehlenden Kommas ein.

1. In Deutschland gibt es eine Reihe von großen Veranstaltungen die über die Landesgrenzen hinaus bekannt sind.
2. Das Oktoberfest in München das die Stadt in einen absoluten Ausnahmezustand versetzt ist weltberühmt.
3. Falls rot leuchtende Feuer die Sehenswürdigkeiten und Uferpromenaden am Rhein in festlichen Lichterglanz tauchen dann findet gerade das Großfeuerwerk „Rhein in Flammen" statt.
4. Tausende Besucher strömen jedes Jahr zum Hockenheimring wenn die Weltklasse der Formel-1-Fahrer um den Sieg kämpft.
5. Weil das internationale 6-Tage-Rennen in Bremen stattfindet besuchen viele Radsportbegeisterte im Januar die Hansestadt.
6. Das Museumsuferfest in Frankfurt am Main bietet nicht nur Kunst und Geschichte da sich das Mainufer zugleich in eine kilometerlange Partymeile verwandelt.
7. Ich habe gehört dass „Rock am Ring" zu dem jedes Jahr Tausende von Jugendlichen und Erwachsenen hinpilgern eines der größten Rockfestivals in Europa ist.

 ► Lösungsheft S. 17

Sätze mit *als* und *wie*

Vor Fügungen mit *als* und *wie* setzt du nur dann ein Komma, wenn es sich um einen Nebensatz mit Verb handelt:
Lara sprang noch weiter als Jannik.
Jannik sprang diesmal weiter, als er jemals gesprungen war.

14 9./10. Kl. **Schreibe die folgenden Sätze in dein Heft und ergänze dabei alle fehlenden Kommas.**

1. Die Berliner Straßen und Gehwege sind so breit wie ich es bisher nur in wenigen Städten gesehen habe.
2. Eine Zeit lang gab es wohl in keiner Stadt mehr Baukräne als in Berlin.
3. Das Berlin wie es noch vor dem Mauerfall war ist wie vom Erdboden verschwunden.
4. Heute ist die Stadt Berlin natürlich für alle viel lebenswerter als sie es während der Teilung war.

Fügungen mit Infinitiven und Partizipien

- Wenn eine Fügung mit einem Infinitiv (einer Grundform) oder einem Partizip satzähnlich erweitert ist, kannst du sie mit Komma vom Rest des Satzes abgrenzen, du musst aber nicht:
  *Er beeilte sich(,) die Koffer **zu packen**.*
  *Alles im Auto **zu verstauen**(,) war nicht einfach.*
  *Laut **fluchend und schimpfend**(,) lud er die Koffer wieder aus.*
- Ist die Fügung eingeschoben, setzt du entweder am Anfang und am Schluss ein Komma oder gar keins:
  *Fest entschlossen(,) alles **mitzunehmen**(,) versuchte er es erneut.*

15 7./8. Kl. **Unterstreiche den Satzteil mit Infinitiv oder Partizip, den du mit Komma vom Rest des Satzes abgrenzen könntest.**

1. Er vergaß die Zahnbürste einzupacken.
2. Sie hoffte nichts liegen gelassen zu haben.
3. Sie stiegen ein fröhliches Lied pfeifend in den Wagen.
4. Mit Proviant versorgt fuhren sie in Richtung Ostsee.

► Lösungsheft S. 17

Muss-Komma bei Infinitiv- und Partizipgruppen

- Setze ein Komma, wenn eine Fügung mit Infinitiv (Grundform) mit einer der folgenden Konjunktionen (Bindewörter) eingeleitet ist: ***um, ohne, als, statt, anstatt, außer:***
  Sie fuhren durch, ***ohne*** *eine Pause zu machen.*
  Anstatt *sich über den Stau zu ärgern, tranken sie Limonade.*
- Setze ein Komma, wenn eine Fügung mit einem Infinitiv oder einem Partizip von einem **Nomen** (Substantiv) oder einem **hinweisenden Wort** (z. B. *daran, darauf, diese, es, so*) abhängig ist:
  Sie hatten nicht die ***Absicht,*** *sich die gute Laune verderben zu lassen.*
  Sie schafften ***es,*** *noch vor Einbruch der Dunkelheit anzukommen.*
  Von der langen Fahrt gestresst, ***so*** *kamen sie endlich an.*

16 9./10. Kl.

Kreuze an, ob das Komma gesetzt werden muss oder gesetzt werden kann. Prüfe dazu, ob die Fügung zu einem der oben genannten Sonderfälle gehört. Unterstreiche das Wort, das das Komma erforderlich macht.

	muss	kann
1. Meine Eltern wollten ganz früh losfahren, um nicht in einen Stau zu geraten.	☐	☐
2. Wie immer brachen wir auf, ohne vorher die Verkehrsmeldungen anzuhören.	☐	☐
3. Wir hofften einfach, gut durchzukommen.	☐	☐
4. Alle freuten sich, mal wieder unterwegs zu sein.	☐	☐
5. Unsere Nachbarn legen keinen Wert darauf, in den Urlaub zu fahren.	☐	☐
6. Für sie gibt es nichts Schöneres, als auf dem Balkon zu sitzen.	☐	☐
7. Sie haben deshalb immer Zeit, unsere Katze zu versorgen.	☐	☐
8. Gut genährt und reichlich verwöhnt, wartete die Katze bei unserer Rückkehr vor der Tür.	☐	☐

 ► Lösungsheft S. 17

LERNSPIEL

7./8. Kl.

Schreibtisch, Praxis oder Werkstatt?

Ab 2 Spielern
Ihr braucht: Papier und Stifte

Habt ihr schon eine Vorstellung davon, in welchem Beruf ihr einmal arbeiten wollt? Mit diesem Spiel könnt ihr euch selbst und eure Spielpartner besser kennenlernen und gemeinsam aufspüren, was euch besonders liegt.
Bildet zunächst kleine Teams, am besten zu dritt (es geht aber auch gut zu zweit), und legt Papier und Stifte bereit. Jeder soll für einen Teampartner einen Fragebogen erstellen, um herauszufinden, wofür er / sie sich interessiert und was er / sie gut kann. Einigt euch auf eine bestimmte Anzahl an Fragen, es sollten jedoch mindestens zehn sein. Seht euch dann die folgenden Stichpunkte an und formuliert damit Fragen:

- im Freien / in Räumen arbeiten
- vor allem körperlich / am Schreibtisch arbeiten
- mit Menschen / Tieren / Pflanzen zu tun haben
- gerne helfen / erklären / betreuen
- sich mit Problemen / Streit / Rechtsfragen auseinandersetzen
- gut handeln / verkaufen / beraten können
- Freude am Essen / Kochen / Backen haben
- sich für Sprachen / andere Länder / fremde Kulturen interessieren
- gerne verwalten / ordnen / organisieren
- täglich mit Geld / Zahlen / Daten umgehen
- oft tüfteln / forschen / experimentieren
- großes Interesse an Computern / Elektronik / Technik haben
- in der Freizeit gerne malen / zeichnen / gestalten
- bauen / herstellen / werken
- Dinge reparieren / montieren / einbauen
- unterwegs sein / in Hotels übernachten / ins Ausland gehen

Beispiele für Fragen:

Möchtest du lieber im Freien oder in Räumen arbeiten?

Ist es dir wichtig, dass du in deinem Beruf mit Menschen zu tun hast?

Macht es dir Spaß, Dinge zu reparieren, zu montieren und einzubauen?

Falls ihr eigene Ideen habt, könnt ihr die Liste beliebig erweitern.

Tipp: Achtet besonders darauf, dass die Kommasetzung in Aufzählungen, Satzreihen, Satzgefügen und vor Infinitiven stimmt!
Tauscht die Fragebögen anschließend zum Beantworten aus.

Rechtschreibung und Zeichensetzung

► Lösungsheft S. 17

Zusätze

- Zusätze, Nachträge und nachgestellte Erläuterungen trennst du in der Regel mit **Komma** vom übergeordneten Satz ab. Ist der Zusatz eingeschoben, musst du am Anfang und am Ende ein Komma setzen:
  Lukas geht gern zum Joggen, vor allem im Sommer.
  Leonie, eine gute Freundin von Lukas, läuft manchmal mit.
- Oft könntest du anstelle von Kommas auch **Gedankenstriche** oder **Klammern** verwenden (↑ S. 101 f.):
  Bald kann er einen Halbmarathon, das sind 21,0975 km, laufen.
  Bald kann er einen Halbmarathon (das sind 21,0975 km) laufen.
  Bald kann er einen Halbmarathon – das sind 21,0975 km – laufen.

17 7./8. Kl.

Wähle aus dem Wortspeicher einen passenden Zusatz aus und füge ihn in die Lücke ein. Denke daran, alle fehlenden Kommas zu setzen!

davon über 60 Kinder und Jugendliche – inzwischen ein erfolgreicher Eisläufer – natürlich mit Zacken – drei nette Frauen um die dreißig – immer dienstags und donnerstags – ein Junge aus ihrer Klasse

1. Mara trainiert seit Kurzem Eiskunstlauf im Verein ______________________

   ______________________.
2. Dafür hat sie sich neue Schlittschuhe ______________________

   ______________________ gekauft.
3. Den Tipp mit dem Verein hat ihr Felix ______________________

   ______________________ gegeben.
4. Der Eissportverein hat etwa 90 Mitglieder ______________________

   ______________________.
5. Die Trainerinnen ______________________

   nehmen des Öfteren mit ihren Schülern an Wettkämpfen teil.
6. Schon mit dreieinhalb Jahren hat Felix ______________________

   ______________________ zum ersten Mal auf Schlittschuhen gestanden.

 ► Lösungsheft S. 18

5 Der Gedankenstrich

Wie verwendet man den Gedankenstrich?

- Wenn etwas **Weiterführendes** oder **Unerwartetes** im Satz folgt, kannst du dies mit einem Gedankenstrich ankündigen:
  Hannes betrat den Raum und – alle starrten ihn an.
  Ich sah in meinen Schülerkalender und erschrak – die Klassenarbeit!
- **Zusätze** kannst du nicht nur mit Komma vom Satz abgrenzen, sondern auch mit einem Gedankenstrich. Ist der Zusatz eingeschoben, setzt du am Anfang und am Ende des Zusatzes einen Gedankenstrich:
  Der Stundenplan gilt zunächst vorläufig – es können noch Änderungen notwendig werden.
  Wir – das Direktorat und die Lehrkräfte – wünschen allen erholsame Sommerferien.
- Setze stets, auch wenn du Gedankenstriche verwendest, alle erforderlichen Kommas. Ob nach dem eingeschobenen Zusatz ein Komma stehen muss, findest du heraus, indem du den Einschub weglässt:
  Er sagte – so habe ich es in Erinnerung –, dass wir uns an der Turnhalle treffen. → *Er sagte, dass wir uns an der Turnhalle treffen.*

18 **Setze, falls es möglich ist, Gedankenstriche in die Sätze ein.**

7./8. Kl.

1. Am Samstagnachmittag traf ich mich mit meinen drei besten Freunden das sind Mika , Benni und David.
2. Benni hat erzählt , dass er am Sonntag sein Vater hatte es vorgeschlagen zu einem Hochseilgarten fahren werde.
3. In der Schule hatten schon einige davon geschwärmt das wollten wir natürlich auch gerne einmal ausprobieren!
4. Doch Mikas Tante hatte Geburtstag sie wurde 50 , weshalb er schon zu einer großen Familienfeier eingeladen war.
5. Bei David und mir klappte es , sodass wir am Sonntagmorgen mit Benni und seinem Vater zum Hochseilgarten er lag in einem Wald fuhren.

► Lösungsheft S. 18

6. Nach einer kurzen Einweisung über Helmpflicht und sicheres Einhaken nahmen wir uns den Anfängerparcours in einer Höhe von etwa zwei Metern über dem Boden vor.
7. Als wir diesen gemeistert hatten , wagten wir uns bereits in sechs Meter Höhe ein mittelschwerer Parcours.
8. Am schönsten fand ich , an der sogenannten Seilrutsche durch den Wald zu sausen.
9. Auf den schweren Parcours in über zehn Metern Höhe traute ich mich nicht mehr , David stieg als Einziger hinauf.
10. Er kam aber nicht weit nur bis zur dritten Station , dann musste ihm ein Mitarbeiter herunterhelfen , weil er sich doch übernommen hatte.

6 Die Klammern

Zusätze und Einschübe

- Mit Klammern kannst du Zusätze einschließen. Oft könntest du stattdessen auch Kommas oder Gedankenstriche verwenden:
  An diesem Tag **(***es war der letzte Schultag***)** *ging alles schief.*
- Setze stets, auch wenn du Klammern verwendest, alle erforderlichen Kommas. Ob ein Komma stehen muss, findest du heraus, indem du den eingeklammerten Einschub weglässt:
  Er sagte **(***so habe ich es in Erinnerung***),** *dass wir uns an der Turnhalle treffen.*
  → *Er sagte, dass wir uns an der Turnhalle treffen.*

19 **Füge die Zusätze mit Klammern an passender Stelle ein.**

5./6. Kl.

1. theoretisch und praktisch – Zuerst erfolgt die Sicherheitseinweisung.

____

____

 ► Lösungsheft S. 18

2. Sicherungshaken – Ein Karabiner muss immer im Seil eingehakt sein.

____

____

3. Plattformen – Ein Waldseilparcours besteht aus mehreren Stationen.

____

____

20 7./8. Kl. **Sieh dir die Sätze in Übung 18 (Thema: Gedankenstrich) an und prüfe, ob du Klammern sinnvoll einsetzen könntest. Schreibe die Sätze, in die du Klammern einfügen kannst, in dein Heft. Beachte: Du kannst nicht immer anstelle von Gedankenstrichen Klammern einsetzen!**

21 7./8. Kl. **Prüfe die Sätze hinsichtlich der Klammern und der Kommasetzung. Hake die korrekten Sätze ab. Markiere die fehlerhaften Sätze mit einem Strich und korrigiere sie auf den Linien darunter.**

1. Von unten (so erzählte David hinterher) sah der Hochseilparcours eher harmlos aus. ☐
2. Oben angekommen nahm David das erste Hindernis (ein Sprung über vier Meter) obwohl seine Knie ganz weich waren. ☐
3. Er wollte sich keine Blöße geben (das war typisch für ihn) deshalb balancierte er anschließend auch noch über den Feuerwehrschlauch. ☐
4. Doch dann (es wurde ihm doch zu mulmig) traute er sich einfach nicht mehr weiter. ☐
5. Er signalisierte dem Aufsicht führenden Mitarbeiter (einem Trainer) dass er Hilfe benötigte. ☐

____

____

____

____

____

____

► Lösungsheft S. 18

7 Die Anführungszeichen

Die direkte Rede

Gibst du etwas wörtlich wieder, schließt du es in Anführungszeichen ein. Anführungszeichen werden daher am häufigsten für die direkte Rede verwendet. Den Begleitsatz musst du von der direkten Rede abgrenzen. In Verbindung mit den anderen Satzzeichen ergeben sich dabei folgende Kombinationsmöglichkeiten:

- Der Begleitsatz ist **vorangestellt:**
  Sie rief: „Heute ist ein wunderschöner Tag!"
- Der Begleitsatz ist **eingeschoben:**
  „Heute", rief sie, „ist ein wunderschöner Tag!"
- Der Begleitsatz ist **nachgestellt:**
  „Heute ist ein wunderschöner Tag!", rief sie.
- Ein Teil des Begleitsatzes ist **vorangestellt und** der Rest **nachgestellt:**
  Sie rief: „Heute ist ein wunderschöner Tag!", und strahlte.
- Steht als Satzschlusszeichen in der direkten Rede ein **Punkt,** entfällt dieser, wenn der Begleitsatz nachgestellt ist:
  „Heute ist ein wunderschöner Tag", sagte sie.
  Sie sagte: „Heute ist ein wunderschöner Tag", und strahlte.

22 5./6. Kl. **Bilde Sätze mit direkter Rede. Die vorgegebene Zeitform bezieht sich auf den Redebegleitsatz. Achte besonders auf die Zeichensetzung.**

1. (Zeit: Präsens) Marie – fragen / gehen – Schwimmbad – du – heute

   Marie fragt: ____________________

2. (Zeit: Präteritum) Hannes – sagen / nicht mitkommen – ich – weil – Deutschaufsatz – schreiben müssen – noch

   ____

   ____

3. (Zeit: Präsens) Tizian und Paul – rufen / halt – warten – ihr – doch

   ____

4. (Zeit: Präteritum) ich – denken / das – fehlen – mir – gerade noch

   ____

 ► Lösungsheft S. 19

23 5./6. Kl. **Schreibe nun die Sätze aus Übung 22 mit nachgestelltem Redebegleitsatz auf.**

1. ______________________________

2. ______________________________

____

3. ______________________________

4. ______________________________

24 7./8. Kl. **In den folgenden Sätzen fehlen die Satzzeichen, die die wörtliche Rede vom Rest des Textes abgrenzen (Doppelpunkte, Anführungszeichen, Kommas). Füge sie ein.**

1. Immer wieder hört man den folgenden Satz   Albert Einstein war ein schlechter Schüler.
2. Sogar Einstein hatte eine 5 in Mathe!   glauben viele Schüler zu wissen;   dabei hatte Albert Einstein in der Schule keineswegs schlechte Noten.
3. In einem interessanten Zeitungsartikel über Einstein steht   Das Gerücht über Einsteins schlechte Noten ist vermutlich dadurch entstanden,   dass man in seinen Zeugnissen tatsächlich die Note 5 und sogar die 6 findet.
4. Dies liegt jedoch nur daran   heißt es in dem Artikel weiter   dass die Bewertungsskala für Schulnoten in der Schweiz umgekehrt ist. Das heißt,   die 5 entspricht in Deutschland der Note 2 (gut) und die 6 der Note 1 (sehr gut).
5. Mach dir keine Sorgen wegen deiner Schwierigkeiten mit der Mathematik   schrieb Einstein im Jahre 1943 in einem Brief an eine Schülerin.   Ich kann dir versichern,   dass meine noch größer sind.

► Lösungsheft S. 19

Die Hervorhebung

Anführungszeichen werden auch gebraucht, um in einem Text Wörter und Wortgruppen hervorzuheben:

- Mit Anführungszeichen kennzeichnest du **Überschriften, Werktitel, Namen** von Zeitungen usw.:
  Ich arbeite zurzeit mit dem „Schülerduden-Rechtschreibtrainer".
  Im Jugendzentrum wird der Film „Das Leben der Anderen" gezeigt.
- Wörter und Zitate, über die du eine **Aussage** machen willst, setzt du in Anführungszeichen:
  Er erklärte den Unterschied zwischen „ethisch" und „ethnisch".
  Das Sprichwort „Übung macht den Meister" kennt jeder Schüler.
- Auch wenn du Wörter oder Wortgruppen **ironisch** meinst, setzt du sie in Anführungszeichen:
  Sie ist „nur" die Zweitbeste in Deutsch.

25 (9./10. Kl.) **Füge dort, wo es dir sinnvoll erscheint, Anführungszeichen zur Hervorhebung ein.**

Viele der sogenannten Funsportarten werden mit englischen Wörtern mit der Endung -ing bezeichnet . Man denke nur an Rafting oder Bungee-Jumping . Kürzlich habe ich zum ersten Mal den Begriff Schluchting gelesen , worunter man das Begehen einer Schlucht versteht . Es wird offenbar gleichbedeutend mit Canyoning gebraucht . Die Verbindung aus dem deutschen Nomen Schlucht und der englischen Endung -ing wirkte auf mich recht seltsam . Klingt es denn tatsächlich besser , wenn man jemandem erzählt , man habe sich den Knöchel beim Schluchting anstatt beim Durchqueren einer Schlucht verstaucht ? Weniger trendig hört es sich jedenfalls an , wenn man in derartigen Begriffen die englische Endung durch eine deutsche ersetzt und die Sportart beispielsweise als Schluchteln bezeichnet .

 ► Lösungsheft S. 19

8 Die Auslassungspunkte

Wie verwendet man Auslassungspunkte?

Wenn du Teile eines Wortes, Satzes oder Textes auslässt, kennzeichnest du dies mit drei Auslassungspunkten:
*Was soll der M**...**?*
*„Wir treffen uns bei **...**“, sagte sie noch, bevor die Verbindung abbrach.*
Stehen die Auslassungspunkte am Satzende, entfällt der Schlusspunkt:
Es war einmal ...

26 7./8. Kl. **Werden die Auslassungspunkte richtig eingesetzt? Hake die richtigen Sätze ab. Kennzeichne falsche Sätze mit einem Strich und streiche die Fehler durch.**

1. Hier sieht’s ja aus wie bei ... unterm Sofa! ☐
2. „Scher dich doch zum ...!“, rief sie mir nach. ☐
3. Das war der berühmte Vorführeffekt ... ☐
4. Vor lauter Angst konnte er nur stottern, doch ... plötzlich! ☐
5. „Was willst du ...?“, fragte er vorwurfsvoll. ☐
6. Sie warteten und warteten ... ☐
7. Mein Teekesselchen beginnt mit „Ver...“ ☐

9 Der Apostroph

Der Apostroph bei Eigennamen

- Ein Apostroph steht **nur dann** im Genitiv (2. Fall: wessen?) von Eigennamen, wenn diese auf einen **s-Laut** enden (dazu gehören auch *-x* und *-z*) und deshalb das Genitiv-s ausgelassen wird:
  Jonas → Das ist Jonas’ Heft.
- Setze **keinen** Apostroph, wenn du die Genitivendung *-s* an den Namen anfügen kannst:
  Lena → Lenas Idee finde ich gut.

► Lösungsheft S. 19

27 **Bezeichne die Verhältnisse mit dem Genitiv. Schreibe in dein Heft.**

7./8. Kl.

1. das Auto von Greta
2. die Imbissbude von Hans
3. die Werke von Goethe
4. die Gemälde von Rubens
5. aus der Sammlung von Beatrix
6. das Leben von Kleist
7. der Abschied von Herrn Weiß
8. die Note von Leo

Der Apostroph bei Verkürzungen

- Das **Pronomen *es*** kann verkürzt gebraucht werden. In diesem Fall musst du für das entfallene *e* keinen Apostroph setzen, du darfst es aber, wenn du die Verkürzung deutlich machen willst:
  Uns gehts/geht's sehr gut.
  Wenns/Wenn's weiter nichts ist …
- Setze keinen Apostroph, wenn eine Präposition (Verhältniswort) mit einem Artikel *(das, der, den, dem)* verschmolzen ist und diese Verbindung **allgemein gebräuchlich** ist:
  aufs (= auf das), fürs (= für das), am (= an dem), hinterm (= hinter dem), übern (= über den), zur (= zu der)
- Auslassungen, die so nur in der **gesprochenen Umgangssprache** vorkommen, solltest du durch einen Apostroph kenntlich machen:
  So'n Käse, steht doch alles auf'm Zettel.
  Hast du's jetzt kapiert?

28 **Verkürze in den folgenden Sätzen das Pronomen *es* oder den Artikel.**

9./10. Kl.

Er will es ganz genau wissen. ______________________

Nur darauf kommt es an! ______________________

Wann sagst du es ihr endlich? ______________________

Ich ging zu dem Fenster. ______________________

Sie war über den Berg. ______________________

Interessierst du dich für das Boxen? ______________________

Was für ein Chaos! ______________________

Wir gehen in das Kino. ______________________

Nimm es nicht so schwer! ______________________

 ► Lösungsheft S. 19

10 Der Ergänzungsstrich

Wie verwendet man den Ergänzungsstrich?

In einer Zusammensetzung oder Ableitung kannst du in bestimmten Fällen **einen Bestandteil auslassen,** was du dann mit einem Ergänzungsstrich anzeigen musst. Dieser ausgelassene Teil muss wiederum vom Leser sinngemäß ergänzt werden:

- Der **letzte** Bestandteil ist ausgelassen:
  Ein- und Ausgang (= Eingang und Ausgang), hin- und herlaufen (= hinlaufen und herlaufen), reiß- und kratzfest (= reißfest und kratzfest)
- Der **erste** Bestandteil ist ausgelassen:
  Schulbücher, -taschen und -hefte (= Schulbücher, Schultaschen und Schulhefte), herbeieilen oder -stürmen (= herbeieilen oder herbeistürmen), bergauf und -ab (= bergauf und bergab)
- Sowohl der **erste** als auch der **letzte** Bestandteil sind ausgelassen:
  Schreinermeister- und -gesellenprüfung (= Schreinermeisterprüfung und Schreinergesellenprüfung)

Rechtschreibung und Zeichensetzung

29 7./8. Kl. **Ersetze in den folgenden Wortgruppen jeweils einen Bestandteil durch einen Ergänzungsstrich. In einem Fall kannst du sogar zwei Bestandteile weglassen. Schreibe in dein Heft.**

Vorname und Zuname

etwas voraussehen bzw. vorausahnen

Knieschützer und Ellenbogenschützer

Nusskuchen und Nusshörnchen

Klassenfahrten und Klassenausflüge

schneebedeckt bzw. eisbedeckt

beziehungslos oder beziehungsarm

Hauptsatz und Nebensatz

sowohl zur Stromgewinnung als auch zur Wärmegewinnung

vorwärts und rückwärts

Sportschuhe sowie Sportbekleidung

willensstark oder willensschwach

Computer und Computerzubehör

Müllentsorgungsbetrieb und Müllverwertungsbetrieb

kraftlos und saftlos

▸ Lösungsheft S. 19

11 Der Punkt bei Abkürzungen und Ordnungszahlen

Abkürzungen

- Der Punkt wird auch gebraucht, um Abkürzungen zu kennzeichnen:
  Tel. (= Telefon), dt. (= deutsch), Jh. (= Jahrhundert), usw. (= und so weiter), z. B. (= zum Beispiel)
- Wenn der Abkürzungspunkt am Satzende steht, entfällt der Schlusspunkt, d. h., du setzt nur einen Punkt:
  Es fehlen noch Knabbersachen wie Chips, Salzstangen usw.
- Beachte, dass naturwissenschaftliche Maßeinheiten und Größen sowie Himmelsrichtungen in der Regel ohne Punkt stehen:
  m (= Meter), kg (= Kilogramm), A (= Ampere), NW (= Nordwest)
- Kurzformen, die du beim Lesen buchstabierst, werden als Kurzwörter bezeichnet und stehen ohne Punkt:
  der Pkw (gesprochen: pe-ka-we), DSL (gesprochen: de-es-el)

30 7./8. Kl.

Kennst du die abgekürzten Wörter? Schreibe sie aus. Wenn du den „Schülerduden – Rechtschreibung und Wortkunde" besitzt, kannst du auch im Abkürzungsverzeichnis nachschlagen.

1. Das Rudel wird von einem sog. Silberrücken geführt. ______________
2. Weitere Informationen finden Sie auf S. 34. ______________
3. In Hamburg leben über 1,7 Mio. Menschen. ______________
4. Adjektive schreibt man i. d. R. klein. ______________
5. Zur Faschingsparty kamen rd. 150 Schüler. ______________
6. Das Parken bzw. Abstellen von Fahrzeugen ist nicht gestattet.
   ____
7. Das Gedicht habe ich nach der Ausgabe „Gesammelte Werke, Bd. III" zitiert. ______________
8. Im Sommer finden zahlreiche Veranstaltungen draußen statt, bspw. Konzerte, Feste oder Sportwettkämpfe. ______________
9. Marie ist 3 cm größer als Lea. ______________

 ► Lösungsheft S. 20

31 **Ersetze die unterstrichenen Wörter durch Abkürzungen.**

7./8. Kl.

1. Aaron wurde zum stellvertretenden Klassensprecher gewählt.

___

2. Das Wort „Lexikon“ ist griechischen Ursprungs.

___

3. Es wurden zum Teil auch Beschwerden laut.

___

4. Notieren Sie bitte Ihre Postleitzahl.

___

5. Sie war zu weit entfernt, das heißt, sie konnte es nicht erkennen.

___

6. Wir bieten euch Spiel, Spaß, Musik und vieles mehr.

___

7. Die Anschrift der Turnhalle: Jahnstraße 12.

___

Ordnungszahlen

Schreibst du eine Ordnungszahl in Ziffern, setzt du am Ende einen Punkt. Steht dieser am Satzende, entfällt der Schlusspunkt:
*das **6.** Schuljahr, zum **3.** Mal, Friedrich **II.** (= Friedrich der Zweite)*
*Joseph Ratzinger gab sich den Papstnamen Benedikt **XVI.***

32 **Schreibe die Ordnungszahlen in Ziffern auf.**

5./6. Kl.

1. Meine Mutter ist zur ____ Vorsitzenden gewählt worden. (zweiten)
2. Herzlichen Glückwunsch zum ____ Geburtstag! (vierzehnten)
3. Der Tag der deutschen Einheit wird am ______ gefeiert. (dritten zehnten)
4. Die ____ (fünfte) Jahreszeit beginnt am _______. (elften elften)
5. Prinz Philip ist der Ehemann von Königin Elisabeth ____. (der Zweiten)

► Lösungsheft S. 20

F Übungen zur Silbentrennung

1 Deutsche Wörter

Einfache und abgeleitete Wörter

Einfache und abgeleitete Wörter (mit Nachsilbe) kannst du am Zeilenende an einer **Silbengrenze** trennen.

- Du zerlegst ein Wort in Silben, indem du es langsam aussprichst:
  Ha-se, Ei-er, le-ben
- Steht zwischen zwei Vokalen (Selbstlauten) ein einzelner Konsonant (Mitlaut), kommt er auf die neue Zeile:
  fra-gen, mä-hen, Schü-le-rin
- Treffen mehrere Konsonanten aufeinander, schreibst du nur den letzten auf die neue Zeile:
  bes-ser, sag-te, Pflas-ter, sit-zen, hän-gen, emp-find-lich
- Einen **einzelnen Vokal** am Wortanfang oder am Wortende darfst du nicht abtrennen; manche Wörter sind deshalb nicht trennbar:
  Ofen, edel, Reue, Trio
- Die Buchstabengruppen ***ck, ch*** und ***sch*** darfst du nicht trennen, wenn sie für einen einzelnen Laut stehen:
  We-cker, ma-chen, zwi-schen

1 5./6. Kl. **Kennzeichne alle möglichen Trennungen mit einem senkrechten Strich.**

schauen – bleiben – außer – witzig – kullerte – findet – letzte – Dusche – suchen – lackieren – Januar – gingen – Kaiserin – finster – Wachstum – schimpfte – Bäuerin – nächste – Abitur – wechseln – Einigung – Hamburger – bisschen – Marionette

2 5./6. Kl. **Kreise alle Wörter ein, die man am Zeilenende nicht trennen kann.**

drohen teuer auch Abend Höhe

Uhu kauen oben anders Ehe ewig

üben Mauer Esel Mühe aber

 ► Lösungsheft S. 20

Zusammensetzungen und Wörter mit Vorsilben

- Zusammengesetzte Wörter und Wörter mit Vorsilben zerlegst du zunächst in ihre **einzelnen Bestandteile;** diese kannst du weiter nach den Silbenregeln trennen:
  Pausen-hof → *Pau-sen-hof*
  ver-gessen → *ver-ges-sen*
- Zusammensetzungen, die man als solche nicht unbedingt erkennt, darfst du auch nach den Silbenregeln trennen. In deinem Wörterbuch sind stets alle möglichen Trennungen angegeben:
  wa-rum oder *war-um*
  hi-nun-ter oder *hin-un-ter*
- Vermeide Trennungen, die den **Sinn** des Wortes verzerren:
  Ur-instinkt und nicht *Urin-stinkt*

3 **Trenne die Vorsilbe mit einem senkrechten Strich vom Rest des Wortes.**

5./6. Kl.

Begründung – abtrennen – Durchblutung – enteignen – Beistand – eingreifen – aufstützen – Ausgrenzung – Verein – zerdrücken – missglückt – Beistand – Mitglied – hergeben – Anstieg

4 **Setze die falsch getrennten und durcheinandergewürfelten Wörter richtig zusammen. Schreibe sie mit Trennstrichen auf.**

7./8. Kl.

Blattt – Brotaufs – dnis – end – Frühstück – rand – riebe – Schwerp – stisch – trich – überwältig – unkt – Verstän – Wohnungsb

____

____

5 **Notiere jeweils zwei Trennmöglichkeiten.**

7./8. Kl.

hinein: ____________ heraus: ____________

darum: ____________ darunter: ____________

hinüber: ____________ einander: ____________

► Lösungsheft S. 20

6 7./8. Kl.

Achte auf die Bedeutung des Wortes und hake richtig getrennte Wörter ab. Korrigiere die Worttrennung, falls nötig.

abf-liegen ____________________

bein-halten ____________________

erste-hen ____________________

aber-kennen ____________________

Früher-ziehung ____________________

Bauer-laubnis ____________________

LERNSPIEL

5./6. Kl.

Silbenschnippen

Ab 2 Spielern
Ihr braucht: 1 Wörterbuch

Bei diesem Spiel tritt einer gegen alle an. Es macht umso mehr Spaß, je mehr Spieler es sind. Ihr solltet ein Wörterbuch bereitlegen, falls jemand etwas nachschlagen möchte.

Der oder die Jüngste beginnt und denkt sich ein Wort mit vier Silben aus. Von diesem Wort verrät er bzw. sie jedoch nur jede zweite Silbe. Die anderen Silben werden mit den Fingern geschnippt, das heißt: Anstelle der jeweiligen Silbe ertönt nur „schnipp", wobei jedes Wort mit einer geschnippten Silbe beginnt.

Beispiel:

Klas-sen-spre-cher
↓
***schnipp* - sen - *schnipp* - cher**

Schne-cken-tem-po
↓
***schnipp* - cken - *schnipp* - po**

Die anderen versuchen nun, das Wort zu erraten. Wer als Erster das richtige Wort nennt, darf sich das nächste Wort ausdenken.

Tipp: Einigt euch anfangs darauf, nur Nomen (Substantive) zu nehmen, sonst wird es zu schwierig. Sollte jemand nicht schnippen können, dürfen die Silben auch geklatscht werden.

 ► Lösungsheft S. 20

2 Fremdwörter

Buchstabengruppen und Zusammensetzungen

- Auch Fremdwörter kannst du nach Silben trennen. Dabei darfst du jedoch die Buchstabengruppen ***ph, rh, sh*** und ***th*** nicht trennen, wenn sie für einen **einzelnen Laut** stehen:
  Stro-phe, Ma-the
- Zusammengesetzte Fremdwörter werden nach ihren **einzelnen Bestandteilen** getrennt. Diese sind manchmal schwer zu erkennen, daher darfst du in diesen Fällen auch die Sprechsilbentrennung anwenden:
  in-ter-es-sant oder *in-te-res-sant*
  Päd-ago-ge oder *Pä-da-go-ge*

7 7./8. Kl. **Kennzeichne alle möglichen Trennungen mit einem senkrechten Strich. Schlage in deinem Wörterbuch nach, wenn du unsicher bist.**

Transport – Information – Praxis – Detail – Regie – Pronomen – Diskothek – Worldcup – international – Geometrie – Pluralendung – Teamarbeit – Marionettentheater – Zeitungsabonnement

8 9./10. Kl. **In jeder Zeile findest du ein Wort, das nicht richtig getrennt ist. Streiche es durch und verbessere es. Du darfst dein Wörterbuch zu Hilfe nehmen.**

Tee-na-ger	Hot-line	job-ben	______
Subs-tan-tiv	subt-ra-hie-ren	sub-jek-tiv	______
sym-pa-thisch	or-tho-pä-disch	kat-ho-lisch	______
konk-ret	Kont-rol-le	Kon-struk-ti-on	______
Res-pekt	res-is-tent	Re-sul-tat	______
Zen-sur	zen-tral	Zen-tner	______
Ka-tas-trop-he	Mik-ro-phon	Phi-lo-so-phie	______
exis-tie-ren	ex-tra	exp-lo-siv	______
Com-pu-ter	Chor-eo-gra-fie	Cha-rak-ter	______

► Lösungsheft S. 20

Kapitel 3: Wortkunde

A Übungen zur Wortbildung

Warum und wie werden neue Wörter gebildet?

Es gibt unterschiedliche **Gründe,** warum neue Wörter gebildet werden:

- Ein Wort wirkt alt oder diskriminierend *(Putzfrau → Raumpflegerin).*
- Es soll Aufmerksamkeit erregt werden (z. B. in der Werbung).
- Es fehlt zu einem Wort ein Plural *(Regen → Regenfälle).*
- Mehrdeutigkeit durch Homonyme (↑ S. 123) soll verhindert werden.
- Man möchte mehr Flexibilität im Stil *(das Singen → der Gesang).*

In unserer Sprache gibt es verschiedene **Möglichkeiten,** mithilfe von **Wortbausteinen** neue Wörter zu bilden. Es gibt **Wortstämme** (*les-, mach-*; einfache Wörter: *Buch*), **Präfixe** (Vorsilben: *auf-, vor-*) und **Suffixe** (Endungen: *-bar, -ig, -keit*).

Die wichtigsten Wortbildungsmöglichkeiten sind:

- **Zusammensetzung** (Komposition): Mehrere Wortstämme oder einfache Wörter werden zu einem neuen Wort zusammengesetzt *(Fahrschule).*
- **Ableitung** (Derivation): An einen Wortstamm werden Präfixe oder Suffixe angefügt *(veränderbar).*
- **Wortkürzung/Kurzwortbildung:** Ein Wort oder eine Wortgruppe wird auf einzelne Buchstaben oder Silben reduziert *(SMS, Abi).*

1 Zusammensetzungen

1 **Setze die Wortbausteine zu acht neuen Wörtern zusammen.**

5./6. Kl.

Klasse – Schule – fahr- – Buch – Bus – Tag – Zimmer – Lehrer

 ► Lösungsheft S. 21

2 Zerlege die Zusammensetzungen in ihre Bestandteile.

7./8. Kl.

1. Bund|es|kanzlerin
2. emporsteigen
3. Fertiggericht
4. Nimmerwiedersehen
5. Vertrauenslehrerwahl
6. Volkshochschulkurs

Die Zusammensetzung (Komposition)

Eine Zusammensetzung besteht aus einem **Grundwort** und einem **Bestimmungswort.** Das Grundwort steht an letzter Stelle und entscheidet über die Wortart und bei Nomen (Substantiven) auch über das Geschlecht (Genus) des neuen Wortes:

Verschiedene Wortarten können miteinander kombiniert werden, z. B.:

- Nomen + Nomen: *Tafel + Bild* = *Tafelbild*
- Nomen + Adjektiv: *Stein + hart* = *steinhart*
- Adjektiv + Nomen: *hart + Käse* = *Hartkäse*
- Verb + Nomen: *fahr(en) + Dienst* = *Fahrdienst*
- Präposition + Nomen: *neben + Raum* = *Nebenraum*

Für die Zusammensetzung werden oft noch **Fugenzeichen** benötigt.

- *-s-: Armut**s**zeugnis, Freunde**s**kreis, Geschicht**s**wissen*
- *-e-, -(e)n-, -er-: Bad**e**zimmer, Pause**n**brot, Bild**er**rahmen*

3 Erkläre, wie das Bestimmungswort den jeweiligen Salat beschreibt.

7./8. Kl.

1. Kopfsalat: __________
2. Kartoffelsalat: __________
3. Schichtsalat: __________

4 Aus welchen Wortarten bestehen die Teile der Zusammensetzungen?

9./10. Kl.

1. abfahrbereit: Verb (abfahren) + __________
2. Tauschgeschäft: __________
3. Bushaltestelle: __________
4. Flüssigkristallanzeige: __________

► Lösungsheft S. 21

2 Ableitungen

Die verschiedenen Möglichkeiten der Ableitung

Die häufigste Art der Ableitung ist es, zu einem einfachen Wort oder einem Wortstamm ein **Präfix** (Vorsilbe) oder ein **Suffix** (Nachsilbe) hinzuzufügen *(lern... → **er**lernen, **ver**lernen; vergess... → vergess**lich**)*. Durch Präfixe und Suffixe können bestimmte Dinge ausgedrückt werden:

- Verneinung: ***un**glaubhaft, **Nicht**schwimmer*
- Wechsel des Geschlechts: *Lehrer**in**, Bäuer**in**, Fris**euse***
- Abwertung: *Frag**erei**, Strampel**ei**, **Ge**rede*
- Aktionsart des Verbs: ***los**rennen, **er**blühen, **ver**blühen*

Außerdem kann ein Wort oder ein Wortstamm im Innern verändert werden **(innere Ableitung),** ohne dass vorne oder hinten etwas angefügt wird; das Wort geht in eine andere Wortart über – mit oder ohne Veränderung des Stammvokals *(werf... → Wurf; versuch... → Versuch)*.

5 (5./6. Kl.) **Suche fünf typische Suffixe zur Bildung von Nomen (Substantiven) und bilde mit ihnen jeweils zwei Wörter.**

1. Suffix: -heit ________ ________
2. Suffix: ________ ________ ________
3. Suffix: ________ ________ ________
4. Suffix: ________ ________ ________
5. Suffix: ________ ________ ________

6 (5./6. Kl.) **Zerlege die Wörter in ihre Wortbausteine (Präfix, Suffix, Wortstamm).**

1. unausweichlich: ________
2. Bearbeitung: ________
3. Unfreundlichkeit: ________

7 (7./8. Kl.) **Überlege, in welcher Reihenfolge *Unfreundlichkeit* wohl gebildet worden ist, und schreibe sie in dein Übungsheft.**

 ► Lösungsheft S. 21

8 7./8. Kl.

Typische Suffixe zur Adjektivbildung sind etwa *-bar, -haft, -ig, -isch, -lich.* Bilde mit jedem von ihnen jeweils zwei Adjektive mithilfe der Wörter aus dem Wortspeicher.

Wunder – Ernst – Alkohol – Frucht – Traum – Lust – blau – Tier

____

____

9 7./8. Kl.

Bilde Verkleinerungsformen zu den folgenden Wörtern.

1. Zimmer: ______________ **2.** Tuch: ______________

3. Haus: ______________ **4.** Vogel: ______________

10 7./8. Kl.

Bilde aus verschiedenen Verben fünf Nomen (Substantive) auf *-er*, die Handelnde bezeichnen, und fünf Nomen auf *-er* für Dinge.

Handelnde: Fahrer, ______________

____

Instrumente: Mixer, ______________

____

11 9./10. Kl.

Finde vier Nomen (Substantive) auf *-er*, die von einem Verb abgeleitet sind, die beides, eine Person und eine Sache, bezeichnen können.

1. ______________ **2.** ______________

3. ______________ **4.** ______________

12 9./10. Kl.

Finde Beispiele für Wörter mit Verkleinerungsformen, die eine eigene Bedeutung entwickelt haben.

1. Teil → Teilchen **2.** ______________

3. ______________ **4.** ______________

5. ______________ **6.** ______________

► Lösungsheft S. 21

3 Die Wortkürzung

13 7./8. Kl.
Gib zu den folgenden Wörtern oder Wortgruppen die Kurzformen an. Wenn du eine nicht kennst, überlege dir, wie man sie bilden könnte.

1. Public Relations: __________
2. Lastkraftwagen: __________
3. Kriminalpolizei: __________
4. high definition television: __________
5. Fluorchlorkohlenwasserstoff: __________
6. Bundesausbildungsförderungsgesetz: __________

Die Kurzwortbildung

Auch durch Wortkürzung können neue Wörter entstehen (Kurzwörter). Längere Wörter oder Wortgruppen werden dabei gekürzt bis auf

- einzelne Buchstaben: ***Z**weites **D**eutsches **F**ernsehen* → *ZDF*, ***D**eutscher **A**ktieninde**x*** → *DAX/Dax*,
- einzelne Silben: ***Schi**eds**ri**chter* → *Schiri*,
- einen zusammenhängenden Teil des Wortes (manchmal kommt das Suffix **-*i*** hinzu, selten auch ein anderes wie -***o***): *We**blog*** → *Blog*, ***Mathe**matik* → *Mathe*, ***Prof**essioneller* → *Profi*, ***Fasch**ist* → *Fascho*.

14 9./10. Kl.
Was bedeuten die folgenden Kurzwörter? Wenn du sie nicht findest, schlage sie in deinem Wörterbuch nach.

1. Akku: __________
2. DNS: __________
3. DVD: __________
4. EKG: __________
5. MMS: __________
6. NATO/Nato: __________

 ► Lösungsheft S. 21

4 Wortfamilien

Was gehört zu einer Wortfamilie?

Wörter, die auf den gleichen Wortstamm zurückgehen, bilden zusammen eine Wortfamilie. Sie sind durch die verschiedenen Arten der Wortbildung entstanden und haben alle das gleiche Kernwort:
Recht, rechtens, gerecht, Unrecht, Berechtigung, rechtfertigen, richten, richtig, Richter, Gericht

Manchmal werden Wörter, die früher zu einer Wortfamilie gehörten, heute nicht mehr als zusammengehörig empfunden, weil sich ihre Bedeutungen auseinanderentwickelt haben: *Zeuge* und *Herzog* gehörten früher zur Wortfamilie *ziehen*, heute bilden sie eigene Wortfamilien:
Zeugin, Zeugenaussage, bezeugen, Zeugnis, bezeugt ...
Herzogin, herzoglich, Herzogswürde, Herzogtum, Erzherzog ...

15 7./8. Kl. **Suche zu den Wortstämmen aus dem Wortspeicher jeweils zehn Wörter der Wortfamilie. Du kannst sie durch Ableitung und Zusammensetzung bilden oder auch einige aus dem Wörterbuch heraussuchen.**

lach – schlaf – mut – fahr – lern

1. ______________________________

____

2. ______________________________

____

3. ______________________________

____

4. ______________________________

____

5. ______________________________

____

► Lösungsheft S. 22

B Übungen zu Wörtern mit mehreren Bedeutungen und zu gleichlautenden Wörtern

1 5./6. Kl.

Welche zwei verschiedenen Bedeutungen haben die folgenden Wörter? Gib jeweils ein Stichwort als Erläuterung an.

1. Post: ______________________ ______________________
2. Tor: ______________________ ______________________
3. treffen: ______________________ ______________________
4. verlieren: ______________________ ______________________

Wörter mit mehreren Bedeutungen

Ein Wort kann mehrere Bedeutungen haben, die jedoch meist einen gewissen Zusammenhang aufweisen; er kann inhaltlicher Art sein oder sich aufs Aussehen beziehen. Eine neue Bedeutung kann hinzukommen, wenn etwas Neues erfunden wird und benannt werden muss. Oft werden dazu Wörter verwendet, die es schon gibt: So ist die *(Computer)maus* wegen ihrer ähnlichen Form nach dem Tier *Maus* benannt. (Sprachwissenschaftler nennen das Polysemie.)
Das hat keine Auswirkungen auf die Rechtschreibung, da ein solches Wort nur eine Schreibweise hat.

2 5./6. Kl.

Suche weitere Wörter, die entweder inhaltlich oder vom Aussehen her in einem Zusammenhang stehen, und gib jeweils als Stichwort die beiden Bedeutungen an.

1. Fliege = Tier oder Kleidungsstück
2. ______________ = ______________ oder ______________
3. ______________ = ______________ oder ______________
4. ______________ = ______________ oder ______________
5. ______________ = ______________ oder ______________
6. ______________ = ______________ oder ______________

► Lösungsheft S. 22

Gleichlautende Wörter: Homonyme und Homofone

- Wenn es gar keinen Zusammenhang zwischen den zwei Bedeutungen gibt, handelt es sich in der Regel um zwei unterschiedliche Wörter; das ist der Fall bei *Hahn*, das einen Wasserhahn und ein Tier bezeichnen kann. Solche Wörter nennt man **Homonyme.** Homonyme werden häufig durch zwei Einträge im Wörterbuch kenntlich gemacht.
  Manchmal ist es schwer zu entscheiden, ob es sich um ein Wort mit zwei Bedeutungen handelt oder um zwei verschiedene Wörter, da der gemeinsame Ursprung möglicherweise in der Sprachgeschichte liegt.
- Einige Wörter – man nennt sie **Homofone** – klingen gleich, aber man schreibt sie unterschiedlich, z. B. *Lärche* (Baum) und *Lerche* (Vogel) (↑ auch S. 40).
  Im „Schülerduden – Rechtschreibung und Wortkunde" gibt es Hinweise auf solche Fallstricke („Mausefallen"), da sie oft zu Rechtschreibfehlern führen.

3 7./8. Kl. **Was bedeuten die folgenden Homofone? Gib die Bedeutungen in Stichwörtern an. Du kannst auch in deinem Wörterbuch nachschlagen.**

1. Grad: ____________________
   Grat: ____________________
2. Lid: ____________________
   Lied: ____________________
3. Waise: ____________________
   Weise: ____________________

4 9./10. Kl. **Suche weitere Wörter, die sich zwar gleich anhören, aber unterschiedlich geschrieben werden. Achte gegebenenfalls auf „Mausefallen"-Hinweise (vgl. S. 8).**

1. Bohle (dickes Brett) und ____________________
2. ____________________ und ____________________
3. ____________________ und ____________________
4. ____________________ und ____________________
5. ____________________ und ____________________

LERNSPIEL

Teekesselchen

Ab 4 Spielern
Ihr braucht: ein Wörterbuch

Zwei Mitspieler gehen vor die Tür und überlegen sich ein Wort mit zwei Bedeutungen oder zwei gleichlautende Wörter mit verschiedener Bedeutung, z. B. *Ball*. Jeder übernimmt eine Bedeutung. Wenn sie wieder hereinkommen, beschreiben sie „ihr" Ding:

Beispiel: Der oder die Erste: *„Mit meinem Teekesselchen kann man spielen."*
Der oder die andere: *„Bei meinem Teekesselchen macht man sich schick."*
Die übrigen Mitspieler müssen raten, worum es sich handelt. Wenn sie es nicht wissen, gibt es weitere Hilfen:
Der oder die Erste: *„Mein Teekesselchen ist rund."*
Der oder die andere: *„Bei meinem Teekesselchen wird getanzt."*
Wer das Teekesselchen erraten hat, darf sich einen Partner aussuchen und das nächste Rätsel aufgeben.

Ihr könnt das Spiel auch mit mehreren Mannschaften spielen: Jeweils eine Mannschaft überlegt sich ein Teekesselchen, das die andere Mannschaft erraten muss. Die Mannschaft, die ein Teekesselchen beim ersten Hinweis errät, erhält fünf Punkte, wird es beim zweiten Hinweis erraten, gibt es vier Punkte usw. Wer zuerst 20 Punkte erreicht, hat gewonnen.

5./6. Kl. Es gelten nur Nomen (Substantive); sie müssen gleich geschrieben werden.

7./8. Kl. Es gelten auch Wörter anderer Wortarten (z. B. Verben), aber die Schreibung muss die gleiche sein.

9./10. Kl. Es gelten auch gebeugte Wortformen (z. B. Plural) und die beiden Wörter brauchen in der Groß- und Kleinschreibung nicht übereinzustimmen.

Wortkunde

5 9./10. Kl. **Kennst du „Teekesselchen", die sogar drei Bedeutungen haben?**

1. Leiter ____________:
____________, ____________, ____________

2. ____________:
____________, ____________, ____________

3. ____________:
____________, ____________, ____________

 ► Lösungsheft S. 22

C Übungen zu sinnverwandten Wörtern – Wortfeldern

Synonyme

Unterschiedliche Wörter, die die **gleiche Bedeutung** haben, werden Synonyme genannt. Meist ist es allerdings so, dass zwei Wörter nicht genau die gleiche Bedeutung haben. Meist unterscheiden sie sich durch Kleinigkeiten. Sie können

- stilistisch voneinander abweichen,
- in verschiedenen Regionen unterschiedlich gebräuchlich sein,
- aus verschiedenen Sprachen kommen oder
- in verschiedenen Zusammenhängen verwendet werden (z. B. privat, beruflich, amtlich).

Wörter, die annähernd die gleiche Bedeutung oder einen gleichen inhaltlichen Kern haben, gehören einem gemeinsamen **Wortfeld** an:
Speise – Essen – Gericht – Mahl – Menü – Proviant …

1 Stilistische und landschaftliche Unterschiede

1 5./6. Kl.

Finde mindestens sechs Wörter, die zum Wortfeld *Wind* gehören.

________ ________ ________

________ ________ ________

2 7./8. Kl.

Was bedeuten diese regional gebräuchlichen Wörter und unter welchem Wort kennt man sie in anderen Regionen Deutschlands?

1. Bub: ________
2. Schlachter: ________
3. Brotzeit: ________
4. heuer: ________
5. kabbeln: ________
6. Schnack: ________

► Lösungsheft S. 23

Wortkunde

3 Kennst du folgende Ausdrücke der gehobenen Sprache?

7./8. Kl.

1. nunmehr: ____________________
2. Odem: ____________________
3. speien: ____________________
4. ersprießlich: ____________________
5. Fittich: ____________________
6. Obhut: ____________________

4 Nenne jeweils drei Wörter, die sich auf stilistischer Ebene voneinander unterscheiden: ein „normales“ Wort, ein gleichbedeutendes für die gehobenere Sprache und ein abwertendes oder umgangssprachliches.

9./10. Kl.

1. Frau ______ Dame ______ Tussi ______
2. ______ ______ ______
3. ______ ______ ______
4. ______ ______ ______

LERNSPIEL

Wortfeld gesucht

Ab 4 Spielern
Ihr braucht: 1 Spielleiter

Bildet Gruppen von zwei bis vier Mitspielern. Der Spielleiter beschreibt ein Wortfeld und gibt ein Beispielwort vor. Jede Gruppe versucht möglichst viele inhaltlich ähnliche Wörter zu finden. Für jedes Wort gibt es einen Punkt. Die Entscheidung, ob ein Wort zu dem entsprechenden Wortfeld gehört, trifft die Spielleitung.

5./6. Kl.

Findet Wörter zu den Wortfeldern

Fortbewegung **Geld** **staunen** **Wetter** **viel**

7./8. Kl.

Findet Wörter zu den Wortfeldern

Betrug **Freund** **Geschirr** **schlafen** **schön**

9./10. Kl.

Findet Wörter zu den Wortfeldern

Buch **Hexe** **Problem** **Regenwetter** **Sitzmöbel**

 ► Lösungsheft S. 23

2 Deutsche Wörter und Fremdwörter

5 5./6. Kl.

Welche deutschen Entsprechungen kennst du zu diesen Fremdwörtern?

1. Baby: ______________________________
2. Bibliothek: ______________________________
3. Computer: ______________________________
4. Hobby: ______________________________
5. Lexikon: ______________________________
6. Trikot: ______________________________

6 7./8. Kl.

Welche Fremdwörter kennst du für diese deutschen Ausdrücke?

1. Augenblick: ______________________________
2. Base: ______________________________
3. Hauptwort: ______________________________
4. Mittelpunkt: ______________________________
5. Mundart: ______________________________
6. Übungsleiter: ______________________________
7. Rauminhalt: ______________________________
8. Fragespiel: ______________________________

7 9./10. Kl.

An manchen Stellen kann ein Fremdwort besser geeignet sein als der entsprechende deutsche Ausdruck, manchmal passt das deutsche Wort besser. Unterstreiche den jeweils sinnvolleren Ausdruck.

1. Siehst du die Mauer, die mit Graffiti / Wandkritzeleien besprüht ist?
2. Diese Überlegungen sind essenziell / wesentlich.
3. In dem Manual / Handbuch kannst du alles nachlesen.
4. Wir besprechen das mit dem Teammanager / Gruppenleiter.
5. Der Unterricht findet auf einem hohen Niveau / Rang statt.

Wortkunde

► Lösungsheft S. 24

3 Allgemeine und fachsprachliche Wörter

8 5./6. Kl.

Es gibt Wörter, die nur in bestimmten Lebensbereichen verwendet werden, zum Beispiel innerhalb der Jugendsprache, der Sportsprache oder anderer „Gruppensprachen". Weißt du, was die folgenden Ausdrücke bedeuten?

1. phatt (Jugendsprache): ____________________
2. Kasten/Kiste (Fußball): ____________________
3. chillen (Umgangssprache): ____________________
4. spicken (Umgangssprache): ____________________
5. achtern (Seemannssprache): ____________________

9 7./8. Kl.

Welche Wörter aus der Umgangssprache, der Sportsprache oder der Jugendsprache kennst du für folgende Ausdrücke?

1. zeitgemäß, modern: ____________________
2. begreifen: ____________________
3. gelassen, überlegen: ____________________
4. Drogenabhängiger: ____________________
5. verraten, zwicken: ____________________
6. Ball: ____________________

10 9./10. Kl.

Kennst du andere Wörter für folgende Fachausdrücke?

1. Mimikry: ____________________
2. Kumulation: ____________________
3. da capo: ____________________
4. obsessiv: ____________________
5. Leukämie: ____________________
6. Metronom: ____________________

 ► Lösungsheft S. 24